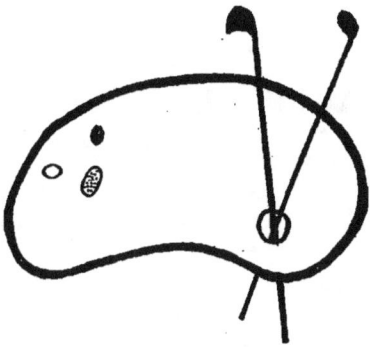

ORIGINAL EN COULEUR
NF Z 4-120-8

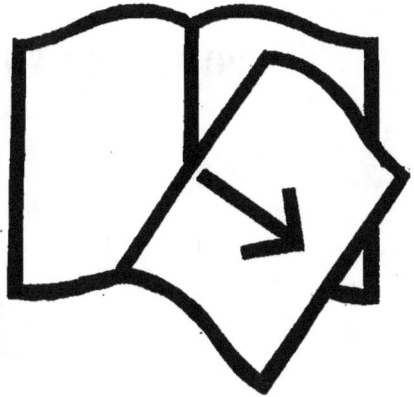

Couverture inférieure manquante

LETTRES INÉDITES

DE QUELQUES MEMBRES

DE LA

FAMILLE DE MONLUC

PUBLIÉES ET ANNOTÉES

PAR

PHILIPPE TAMIZEY DE LARROQUE

AUCH

IMPRIMERIE ET LITHOGRAPHIE G. FOIX, RUE BALGUERIE

1890

(5)

LETTRES INÉDITES

DE

QUELQUES MEMBRES DE LA FAMILLE DE MONLUC

Extrait de la Revue de Gascogne
tiré a 100 exemplaires

LETTRES INÉDITES

DE QUELQUES MEMBRES

DE LA

FAMILLE DE MONLUC

PUBLIÉES ET ANNOTÉES

PAR

PHILIPPE TAMIZEY DE LARROQUE

AUCH

IMPRIMERIE ET LITHOGRAPHIE G. FOIX, RUE BALGUERIE

—

1888

AVERTISSEMENT

Tout n'a pas encore été dit sur Blaise de Monluc. M. le baron de Ruble, en tête du premier volume de son inappréciable édition des *Commentaires* et des *Lettres* du grand capitaine, nous promettait, il y a plus de vingt ans (1864), un travail spécial sur son héros : « Nous ne pouvons que mentionner », disait-il (1), « les controverses établies sur l'origine de la famille de Monluc, l'époque et le lieu de sa naissance, sa nomination officielle à la charge de colonel général de l'infanterie, ses actes comme gouverneur de la Guyenne, le lieu de son tombeau. L'examen de ces questions, *qui trouvera sa place ailleurs,* exigerait, pour être complet, des développements qui ne sauraient entrer dans le cadre étroit de notre préface. » M. de Ruble n'a pas renoncé, Dieu merci! à son projet d'écrire une biographie critique de Blaise de Monluc (il m'en donnait l'assurance encore assez récemment). J'espère bien qu'aussitôt que l'infatigable érudit aura terminé ses belles études sur Jeanne d'Albret, qui, aux applaudissements du monde savant tout entier, viennent d'obtenir de l'Institut la plus légitime et la plus glorieuse des distinctions, il nous fera profiter de tout ce qu'il aura recueilli,

(1) *Introduction,* p. 1, note 2.

depuis plus d'un quart de siècle, sur l'histoire des Monluc, dans des recherches incessantes, éclairées à la fois de toutes les lumières de la science et de l'expérience.

Par une coïncidence singulière, ce que l'on connaît le moins dans la vie de l'auteur des *Commentaires*, ce sont les deux extrémités de cette vie si mémorable : on ignore également le lieu et la date de sa naissance, le lieu et la date de sa mort. Tout ce que nous possédons jusqu'à ce jour sur sa venue au monde et sur son décès se réduit à des conjectures, à des présomptions. Une triple bonne fortune m'a permis, ces jours derniers, d'interroger sur chacun de ces évé- nements trois *spécialistes*, un qui s'est particulièrement occupé de la question de la naissance, deux qui ont étudié de très près la question du décès. Le premier est l'archivi te de la ville de Condom, M. Soubdès, savant trop modeste, qui aura eu le grand tort, lui qui travaille si bien, de ne pas vouloir travailler pour le public (1); les deux autres sont le bibliothécaire de la même ville, M. Gardère, digne ami et digne émule de M. Soubdès (2), et l'archiviste du départe- ment de Lot-et-Garonne, M. Georges Tholin, qui doit nous donner une curieuse série de documents inédits, extraits des archives municipales d'Agen, relatifs à Blaise de Monluc et aux guerres de religion (3).

(1) M. Soubdès, qui est un bibliophile consommé, possesseur d'une riche collection de beaux livres, dont il fait les honneurs, *je le sais*, avec une rare amabilité, semble avoir pris la devise de ces érudits d'autrefois dont les labeurs étaient toujours entourés d'une ombre discrète : *Mihi et Musis.*

(2) Heureuse la ville de Condom de posséder deux hommes qui, au mérite de bien chercher et de bien trouver, joignent le mérite de communiquer gracieu- sement leurs trouvailles aux confrères dans l'embarras!

(3) M. Tholin annonce cette bonne nouvelle dans le volume si goûté des savants et des artistes qu'il a publié en collaboration avec M. Benouville : *Un château gascon au moyen-âge. Etude archéologique sur le château de Ma- daillan* (Agen, 1889, grand in-8°). — Depuis que cette note a été écrite, M. Tholin a commencé la publication, dans la *Revue de l'Agenais* (livraisons de mars et avril 1887), d'un important travail intitulé : *La ville d'Agen pendant les guerres de religion au XVI° siècle.* Il n'y reproduira pas les pièces justifi- catives qui sont trop nombreuses, qui dépassent la centaine. Puisse ce dossier si précieux être imprimé dans un des prochains volumes du *Recueil des tra- vaux de la Société des lettres, sciences et arts d'Agen!*

M. Soubdès me faisait l'honneur de m'écrire, le 7 avril dernier : « Quant à la question du lieu de naissance de Monluc, je me vois contraint d'avouer, après tant d'autres, qu'il faudra prendre le parti de la considérer comme insoluble jusqu'à la découverte de quelque nouveau document. Mon père a fait pendant longtemps recherches sur recherches sans obtenir de résultat, et cependant le berceau de sa famille était au Saint-Puy, tout près du manoir que Monluc appelait *ma maison;* de plus, il était le parent et l'ami du dernier propriétaire, dont les ancêtres l'avaient acheté à Madame de Sourdis. Malgré cela, des traditions orales, des légendes populaires, voilà tout ce qui peut être recueilli. Ce mince bagage, plus ou moins amplifié par des érudits condomois, fut communiqué dans la suite par l'un d'eux à Sainte-Beuve. Pour ce qui me concerne, j'ai apporté mon petit tribut de recherches sans être plus heureux. Il y a quelques années je fouillai avec soin les plus vieilles minutes du notaire du Saint-Puy; j'y trouvai quelques actes d'acquisitions faites par Monluc, mais absolument rien sur son âge ou le lieu de sa naissance (1). »

Au sujet du lieu de la mort de Monluc, M. Tholin me faisait judicieusement observer, pendant un récent et trop court séjour à Gontaud, que si l'ancien gouverneur de la Guyenne avait rendu le dernier soupir en son château d'Estillac, on ne pourrait expliquer le silence gardé sur ce point par tous les documents des Archives de la ville d'Agen. Quoi ! pas la plus

---

(1) S'il fallait en croire Bernard de Labenazie (*Histoire de la ville d'Agen et pays d'Agenais*, p. 243 du manuscrit possédé par M. Paul de Boëry), c'est près de « Puch de Gontaut, qui est vers Damazan, » que s'élevait « la maison paternelle de Monluc, dont les masures paraissent encore vis-à-vis d'Aiguillon et qui portent le nom de Monluc. » Conférez une note de ma petite brochure : *Quelques pages inédites de Blaise de Monluc* (1863, p. 2). Voir, à la fin du présent recueil (*Appendice*, n° I), une charte en langue provençale, de l'an 1266, dont je dois communication à l'obligeante amitié de M. Paul Meyer, et où l'on trouvera le plus ancien emploi connu, si je ne me trompe, de la forme primitive du nom de Monluc, laquelle, au XIIIe siècle, était *Boluc* et devint ensuite *Bonluc.*

petite mention dans les registres consulaires du décès d'un aussi grand personnage et d'un aussi proche voisin (1)! Pas la moindre dépense inscrite dans les comptes municipaux à l'occasion des funérailles de ce maréchal de France! Pour que nulle trace de la mort et de la cérémonie funèbre ne figure au milieu des actes de jurade, il faut évidemment que Monluc n'ait pas rendu sa vaillante âme à Dieu près de la ville où il avait, en quelque sorte, si longtemps régné. On a cru qu'il était déjà mort en juillet 1577 (2). Le codicille de son testament, codicille daté du 18 août suivant, établit, comme l'a constaté M. Clément-Simon (3), qu'à cette dernière date Monluc était encore vivant et même bien portant, comme il convenait à cet homme de fer, car il avait pu se transporter à Condom, et le codicille n'indique pas, selon la formule, qu'il fut le moins du monde malade du corps.

(1) On compte seulement sept kilomètres entre Agen et Estillac.

(2) « Il mourut au mois de juillet 1577 dans son château d'Estillac » (A. de Ruble, *Introduction*, p. vi). Mézeray avait déjà dit (*Histoire de France*, t. iii, p. 167) : « A la fin de juillet [1577], Blaise de Montluc finit ses jours dans sa maison d'Estillac en Agenois, dans une extrême vieillesse : de sorte que ce fut plustost la vie qui luy manqua que non pas la mort qui le ravist, laquelle il avoit bravée en tant de sieges, d'assauts et de combats dedans et dehors le royaume, qu'il sembloit qu'elle n'osast plus l'attaquer. » Du reste, les citations en faveur des prétentions d'Estillac pourraient être fort nombreuses : une des plus remarquables serait celle que l'on tirerait du livre lxiv de l'*Histoire* du président de Thou. Mentionnons encore cette phrase de Labenazie (p. 270 du manuscrit déjà cité) : « En la même année [1577] M. le Mareschal de Monluc, cassé par les fatigues de la guerre, mourut à son chasteau d'Estillac ». Le châtelain actuel d'Estillac, M. O. de Laroche, se propose d'étudier à fond la question de l'ensevelissement de son illustre prédécesseur, cette question à laquelle s'intéressait tant notre commune amie, Madame la comtesse Marie de Raymond. Quelques mois à peine avant sa mort, la grande admiratrice de Blaise de Monluc (voir ce que j'ai dit à ce sujet dans ma notice sur cette femme d'élite) avait formé le projet d'aller en ma compagnie faire une visite (avec enquête) au tombeau où repose celuy « qui n'eut onc repos ».

(3) *Le testament du maréchal de Monluc, publié en entier pour la première fois avec un codicille* (Recueil des travaux de la Société des sciences, lettres et arts d'Agen, seconde série, tome ii, 1872, p. 379). Le testament du maréchal avait été fait à Agen le 22 juillet 1576. On y lit (p. 405) : « Quand il plairra à Dieu le Createur que l'heure de mon trespas sera venue et qu'il aura repris mon ame, veux que mon corps soict ensepvely au lieu de Sainct Puy en Gaure et au sepulcre de mes prédécesseurs. » On retrouve la même recommandation dans le *Testament de François de Massencome, père de Blaise de Monluc*, publié par M. Paul Laplagne Barris dans la *Revue de Gascogne* (tome xviii, 1877, p, 425).

D'après Scipion du Pleix, ce serait à Condom que Monluc aurait expiré. L'assertion de l'historien indigène est aussi formelle que possible : « L'année fut remarquable par le trepas d'aucuns illustres personnages et entr'autres de Blaise de Monluc, mareschal de France, qui mourut à Condom et fut enterré dans le cœur de l'église cathédrale » (1). Ce témoignage est-il recevable? Je ne le crois pas. Du Pleix seul au monde déclare que sa ville natale vit mourir et vit enterrer l'ancien lieutenant général du Roi en Guyenne. Comment expliquer le silence de tous les contemporains, de tous les chercheurs du siècle suivant? Dieu me garde de dire du mal de Scipion du Pleix, dont l'œuvre historique, trop méconnue, se recommande par de hautes qualités, et, surtout pour la période des guerres de religion, a des parties excellentes ! Mais l'isolement complet où le laissent, à l'égard du décès et de la sépulture de Monluc, tous les documents imprimés ou manuscrits, nous oblige à garder un doute prudent.

M. Gardère pense, au contraire, que les précises affirmations de son concitoyen doivent être acceptées par la critique. Je lui avais demandé une *consultation* sur ce sujet : on poura la lire à l'*Appendice* (n° ii). C'est avec beaucoup d'habileté que le bibliothécaire de la ville de Condom fait valoir tous les arguments favorables à sa cause. Si ce plaidoyer *pro urbe sua* ne persuade pas tous les lecteurs, je suis sûr du moins qu'il les intéressera tous.

Que devint le vieux lion à partir du 18 août 1577? La mystérieuse obscurité dont sa fin est enveloppée n'autorise-t-elle pas à rappeler les dernières lignes des *Commentaires*, qui sont d'une mélancolie si grandiose, et qui forment tout un saisissant tableau tant admiré de Sainte-Beuve (2) : « Il me ressouvenoit tousjours d'ung prieuré, assis dans les montaignes, que j'avois veu autresfois, partie en Espagne, partie

(1) *Histoire d'Henri III*, Paris, Claude Sonnius, 1636, in-f°, p. 62.
(2) *Causeries du lundi*, tome xi, 1856, p. 88.

en France, nommé Sarracolin [Sarrancolin, dans la vallée d'Aure]; j'avois fantaisie de me retirer là en repos; j'eusse veu la France et l'Espaigne en mesme temps : et si Dieu me preste vie, encores je ne sçay que je feray. »

En attendant les révélations de M. de Ruble et des autres explorateurs des documents du xvi⁰ siècle, voici trois petites lettres du seigneur d'Estillac : une fut écrite, le 5 août 1563, aux consuls de Lectoure, au sujet de certains prisonniers accusés d'avoir voulu surprendre cette ville et son château, elle m'a été cédée par mon excellent ami, M. l'abbé de Carsalade du Pont; les deux autres sont adressées au cardinal de la Bourdaisière (1), à Rome, la première, de Bordeaux, le 25 avril 1563, la seconde, de Mont-de-Marsan, le 18 mai 1565. Ces documents ajoutent tous les trois quelque chose à la biographie de Monluc et à l'histoire civile et ecclésiastique de la Gascogne.

---

(1) Philibert Babou de la Bordaisière, évêque d'Angoulême (vers 1538) et d'Auxerre (vers 1563), fut revêtu de la pourpre en 1561 et mourut en 1570. Son nom n'est pas une seule fois mentionné dans les cinq volumes des *Commentaires* et *lettres*. C'est donc un personnage nouveau que nos deux lettres introduisent dans la biographie de Monluc.

I

Au cardinal de la Bordeziere, à Rome.

Monsieur, l'abbé de Ravassa (1) a esté devers moy et aprez m'avoir presanté la lettre qu'il vous a pleu m'escrire, m'a faict entendre les bons offices qu'avez faict en ma faveur à l'endroict de nostre St Pere (2); et mesme pour la grace qu'il a pleu à Sa Saincteté faire à mon nepveu de Bellegarde, pour la dispence de depesche gratis de Bulles de l'abbaye de Gymont (3), dont je vous remercie infiniment et vous en demeure autant obligé que je desire avoir de moyen de m'en revencher en toutes les occasions qui se presanteront et où j'auray moyen de vous faire service. Et pour ce que je m'asseure que le sieur Brangnon (?) vous monstrera la coppie de la lettre que j'escris à Sa Sainteté (4), je ne vous feray long discours des affaires de deça, mais me remectant à la dite lettre, je feray fin à la presente par mes humbles recommandations à vostre bonne grace, priant Dieu vous donner,

Monsieur, en toute perfection de santé trez longue et heureuse vie.

Vostre trez humble et obeissant serviteur,

DE MONLUC.

A Bourdeaux, le xxve d'avril 1563 (5).

---

(1) L'abbé de Ravassa, qui m'est inconnu, n'est pas nommé une seule fois dans la *Table analytique* des cinq volumes de l'édition de M. de Ruble.

(2) Pie IV, élu le 26 décembre 1559, mort le 9 décembre 1565.

(3) Je ne vois dans le *Gallia christiana* (tome I, col. 1030) aucun abbé de Gimont portant en 1563 le nom de Bellegarde, mais sous le n° xxxix de la série des abbés, entre Aimeric de Bidos et Pierre Maton, je trouve un Jean de Bellegarde, fils de Roger de Bellegarde, maréchal de France, qui serait mort en 1557 à l'âge de seize ans. J'appelle sur cette difficulté l'attention des futurs historiens du monastère de Gimont.

(4) Savait-on que Monluc eût été en correspondance avec Pie IV? On chercherait vainement le nom de ce pape dans les *Commentaires* et dans les *Lettres*. On voit que notre petit document nous apprend déjà bien des choses.

(5) Original qui faisait partie de la magnifique collection d'autographes de M. Jules de Gères et dont cet aimable érudit m'avait donné copie, quelque temps avant sa mort prématurée. Aucun des documents connus n'indiquait d'une façon précise la présence de Monluc à Bordeaux le 25 avril 1563.

II

Aux consuls de Lectoure.

Du septieme jour d'aoust 1563, par devant M. le juge Maige Foyssin (1), assistans Despes, conseiller à l'université des causes, Filhol conseiller (2), Barreria (3), Nicolay et Jean Sabus, consuls de Lectore. — Dans la chambre du conseil de lad. cour, s'est presenté Helie de Pucheryc, soy disant prevost (4), disant que par comandement de M. de Monluc, lieutenant pour le Roy en Guyenne en absence de M. le prince de Navarre, suyvant la lettre dud. seigneur adressante aux officiers et consulz de Lectore escripte à Bellepesche de tels termes :

Messieurs les officiers, consulz et prevost de Lectore, j'ay entendu que vous autres estes en differend pour raison des prisonniers qui sont dans vostre ville et dites que la cognoissance n'en appartient aulcunement au prevost, ains c'est à vous aultres. Je vous declare que je vous ay delegué tous ensemble pour faire le proces aususdits prisonniés soubz mon auctorité. A ceste cause n'en soyez plus en desaccord et ne faictes faulte tous ensemble faire led. proces le plus promptement que faire se pourra pour icelleuy estre jugé par led. prevost; que sera fin. Je prie Nostre Seigneur vous donner, Messieurs, ce que desirez.

A Belpesche (5), ce vᵉ jour d'aoust 1563.

Je vous supplie qu'il ne se uze en cela rien de dissimulation, car l'affaire est de telle importance qu'il en fault scavoir la verité et les

---

(1) M. de Ruble a publié (tome v, p. 90) une lettre de Monluc à M. de la Cassaigne, gouverneur de Lectoure, écrite d'Agen le 3 octobre 1567, où est mentionné avec éloges un parent du juge-mage, le capitaine Foyssin, nommé lieutenant du château de Lectoure.

(2) Nous trouvons dans les *Commentaires et Lettres* (tome iv, p. 167) mention d'un capitaine catholique dont le nom s'approche fort du nom de ce magistrat, Filheul : il signa la capitulation de Lectoure (2 octobre 1562).

(3) Le même sans doute que ce *Barrières*, dont la signature est apposée au bas du document cité dans la note précédente.

(4) Personnage à identifier avec *Louys de Picharry*, « qui est homme de bien, et lequel a très fidèlement exercé ledict office de prevost pendant ces troubles. » (*Mémoire et instruction à Martineau*, du 19 janvier 1563. Tome 1ᵉ, p. 261).

(5) *Belpêche, Belpech*. C'est aujourd'hui *Beaupuy*, commune de canton de l'Isle-Jourdain, arrondissement de Lombez, à 38 kilomètres d'Auch.

coulpables; et que à mon retour de Comenge qui sera dans dix jours, si plaist à Dieu, je treuve les choses bien advancées.

Vostre bon voysin et amy.

B. DE MONLUC.

Et au-dessus : Messieurs les officiers de consulz et prevost de Lectore, à Lectore — (Et scellée du sceau dud. sieur de cire rouge).

Requerant icelluy Pucharyc parlant aususdit sieur juge Maige et aultres officiers susdits Barreria, Nicolay et consulz susdits, les *prisonniés preveneus de l'entreprinse qua esté dressée dernierement pour surprendre les chasteau et ville de Lectore mesmes le sᵣ de Peyrecabe* (1) *le pouldrier et aultres* pour leur faire la procedure et juger le proces suyvant l'ordonnance du Roy.

Comparant Labarthe, absens les advocats, procureur general en la presente senechaussée, comme substitut dud. procureur et estant promocteur desusdits consulz, sur ce interrogé a dict n'entendre contredire aux requisitions dud. Pucharyc prevost, d'aultant que le cas est prevotable, et mesmes par expres requiert que les prisonniers soient mis entre les mains dud. prevost.

Sur quoy par comung advis des susdits assistans a esté arresté que les prisonniés seront baillés entre les mains dud. prevost pour leur estre faict la procedure jusque à sentence exclusivement; et avant juger le proces le susd. sᵣ de Monluc en sera adverty et apres s'il est besoing et   sentencier le proces ledit prevost appellera lesd. officiers suyvant l'ordre du Roy. Sauf que led. Ydron a esté d'advis que avant bailher les prisonniés aud. prevost monstrera de ses lettres ou aultrement jusques à ce que led. sᵣ de Monluc en soyt consulté et eu advis d'icelluy (2).

(1) Ce capitaine huguenot figure dans le récit de la tentative faite par les protestants (15 octobre 1567) pour secourir la ville de Lectoure (*Commentaires*, tome III, p. 111). Il y eut ainsi deux tentatives sur Lectoure, celle de l'été de 1563 et celle de l'automne de 1567. Cette dernière est célèbre, et Monluc a pu, sans trop de vantardise, déclarer qu'en l'arrêtant il sauva la Guyenne (tome III, p. 115). La tentative de 1563 n'a été signalée par aucun historien et ne nous est révélée que par le présent document.

(2) Archives départementales du Gers, registres du sénéchal d'Armagnac, année 1563, fol. 49.

III

« A Monseigneur Monseigneur Reverendissime Cardinal de la Bordeïère, à Rome. »

Monseigneur, je vous avoyz escript dernierement par le feu abbé de Clausane (1) qu'il vous pleust me faire tant de bien et de faveur que de interceder pour moy vers nostre Sainct Père le Pape à ce qu'il pleust à Sa Saincteté suyvant l'humble requeste que je luy ay faicte d'accorder à M. Robert de Gontault, mon cousin (2), l'expedition des bulles de l'evesché de Condom (3) gratuitement et sans rien payer à nostre Sainct Père, Sacré Colliège que aux officiers pour les causes et raisons que lors je vous escripvis. Et pour ce que j'ay entendu que le dict abbé de Clausane s'est noyé sur le chemin près Gennes, je depeche encores ce porteur à cest effest et en escriptz à nostre Sainct Pere, vous suppliant, Monseigneur, me favoriser de tant auprès de Sa Saincteté qu'il luy plaise m'accorder ceste grace, et me faisant ce bien vous m'augmenterez l'affection que j'ay de vous faire et au Saint Siege aposto-

(1) Que sait-on de la vie de ce malheureux abbé, qui, comme nous allons le voir un peu plus loin, se noya en se rendant à Rome ?

(2) Monluc appelle Robert de Gontaut son cousin, parce qu'il y avait eu, vers le milieu du XV° siècle, une alliance entre la famille de Monluc et celle de Gontaut-Biron. Pierre de Lasseran de Massencome, seigneur de Monluc, avait épousé Isabelle de Gontault, dont il eut Amanieu, qui fut le grand-père de Blaise de Monluc. Un passage des *Commentaires* nous montre R. de Gontaut partant, en compagnie de l'auteur, pour les bains de Barbotan (tome III, p. 93). Voir de fréquentes mentions du prélat dans les lettres de son cher cousin (tome V, passim).

(3) Avant de succéder sur le siège de Condom à Charles de Pisseleu, oncle de la trop fameuse duchesse d'Etampes, Robert avait été prieur de Sainte-Livrade. Voir *Notice sur le prieuré de Sainte-Livrade, d'après un manuscrit inédit de la Bibliothèque Nationale* (Agen, 1869, p. 29). J'ai publié dans la *Revue de Gascogne* (tome XX, 1879, p. 238) une lettre de la duchesse d'Etampes à Robert de Gontaut, relative à l'évêché de Condom (5 janvier 1565), document qui devait être réimprimé par feu Paulin Paris, dans ses belles *Etudes sur le règne de François I°* (1885, tome II, p. 416). J'ai aussi publié (*Revue, ibid.*, p. 240) une quittance de la somme de cinq mille livres « pour la composition et accord » entre les deux parties, quittance délivrée par Blaise de Monluc (à Estillac, 13 août 1565). Dans le volume des *Mélanges* de Clairambault d'où j'ai tiré cette quittance (n° 1120), on trouve d'autres pièces relatives à l'arrangement fait entre l'ancienne favorite et le nouvel évêque de Condom, notamment une quittance de ce dernier (f° 56), datée du 8 juillet 1566.

lique très humble service, comme je feray en tous les endroictz qu'il vous plaira me commander, Dieu aydant, lequel je prie,

Monseigneur, vous donner fort longue et très heureuse vie, me recommandant trez humblement à vostre bonne grace.

Au Mont de Marsan, ce xviii° de may 1565 (1). Vostre trez humble et trez obeissant serviteur,

DE MONLUC.

IV

Lettre d'Ysabeau de Beauville, seconde femme de Blaise de Monluc, à Robert de Gontaut (2).

Monsieur mon cousin,

Arsoyr (3) bien tard Boery (4) arriva en ceste ville portant lettres de creance de Monsieur de Monluc pour vous dyre, quy me gardera de vous en fere plus long discours. Au reste mon dict seigneur de Monluc me mande que je luy face avancer le bastiment d'Estillac (5), ce que je

(1) Bibliothèque Nationale, Mélanges Clairambault, vol. 1120, f° 52. Original. Comme les lettres précédentes, celle-ci nous fournit une indication nouvelle sur l'itinéraire de Blaise de Monluc.

(2) Ysabeau Paule de Beauville, fille de François, seigneur et baron de Beauville, et de Claire de Laurens, dame de Souspez, avait épousé Blaise de Monluc au château d'Estillac, le 31 mai 1564. Voir le contrat de mariage publié par M. de Ruble (tome v, *Pièces justificatices*, p. 346-348). Ysabeau se remaria, le 23 novembre 1579, avec François de Pérusse, comte des Cars. Rappelons que Blaise de Monluc avait épousé en premières noces, le 20 octobre 1526, Antoinette de Ysalguier, fille de Jacques de Ysalguier, baron de Clermont, et de Miramonde de Montaut. Voir le contrat de mariage publié par M. La Plagne-Barris dans la *Revue de Gascogne* (tome xvi, 1875, p. 466-478).

(3) C'est-à-dire hier au soir. Ce mot *arsoir*, harmonieux et charmant, et qui plaisait tant à Clément Marot, peut être rapproché de cette autre rapide expression du bon vieux temps, *asthure*, pour à cette heure.

(4) Sur Antoine Boëry, secrétaire de Monluc, voir *Quelques pages inédites* déjà citées (p. 3, note 1) et les *Commentaires et Lettres*, tomes iii, iv et v, *passim*. En ce dernier tome on voit (p. v) que Boëry fut envoyé d'Estillac à Condom, le 8 mai 1565, pour apporter à Robert de Gontaut, qui devait les adresser à Rome, les lettres par lesquelles Catherine de Médicis et Charles IX demandaient l'expédition gratuite des bulles du prélat.

(5) Monluc a mentionné *Stillac* dans les *Commentaires* (tome ii, p. 339). On ne savait pas que les travaux de restauration du château d'Estillac avaient été commencés dès 1563. Notre document complète, à cet égard, le document du

ne puys fere sans vostre ayde. A ceste cause vous prye me vouloir envoyer ce maistre masson que vous scavez pour fere marche et divyser le pourtal dudict Estilhac et vous reprye encore une foyz le fere venir le plus toust que vous sera possible. Je m'en pars aujourd'huy d'icy pour m'en aller à Stillac et en envoye les grands chevaulx de mon dict seigneur de Monluc à Bayonne (1) et me manderez quand esse que vous en viendrez à ce cartyer. Je n'é poinct heu nouveles despuys de Madamoyzelle de Sainthorens (2). Le pourteur me gardera de vous fere plus long discours, qui sera fin de ma lettre, apres m'estre ecommandee bien humblement à vostre bonne grace, prye Dieu,

Monsieur mon cousin,
en santé vous donner très heureuse et longue vye.

D'Agen, ce xxxme d'avril 1563.

Vostre tres humble cousine à vous faire service,

DE BEAUVILLE (3).

V

Lettre de Jean de Monluc, évèque de Valence, frère cadet de Blaise de Monluc, à Catherine de Médicis (4).

Madame, à mon arrivée en ceste ville, je trouvai l'abbé de Saint-Jean prest à s'en retourner, avec une despesche de telle teneur que si je ne suis deceu, vous n'y eussiez voulu faire aucune response. Et ayant entendu

16 avril 1567, conservé dans les Archives municipales de Toulouse et ainsi analysé par *M.* de Ruble (tome v, p. 335): Attestation de B. de Monluc (étant à Agen) certifiant que le bois de charpente acheté à Toulouse par M' Jehan Chambre, charpentier, est destiné à la construction du château et de l'église d'Estillac.

(1) Les *Commentaires* ne disent rien du voyage de Monluc à Bayonne.

(2) La femme de François de Cassagnet de Tilladet, sieur de Saint-Orens, colonel des gens de pied de Guyenne. C'était un ami de Monluc qui parle cent fois de lui dans les *Commentaires* et notamment au sujet du voyage aux bains de Barbotan (tome iii, p. 193).

(3) Bibliothèque nationale, fonds français, n° 20462, f° 91, copie. On trouve dans le même registre quelques autres lettres de Madame de Monluc à son cousin, mais elles m'ont paru trop peu intéressantes pour mériter d'être recueillies. Ce sont des billets d'une douzaine de lignes, où est accusée réception d'une lettre et où Ysabeau se contente le plus souvent d'ajouter qu'elle n'a rien autre chose à dire.

(4) Au sujet du personnage que Labenazie, en son ouvrage déjà cité, appelle (p. 243) « l'homme le plus habile de son temps, et qui fait tant d'honneur à ce

que tout le mal procedoit d'un double de requeste qu'on disoit avoir
esté presentee par Messeigneurs de Guise, connestable, et mareschal
Saint-André, je fis tout ce qu'il me fut possible envers Monseigneur le
Prince pour lui persuader que c'estoit un mauvais avertissement (1).
Et de faict je le pensois ainsi. Et sur ma parole il print nouveau conseil
et advisa de surseoir d'envoyer la susdite despesche jusques au retour
du dit abbé de Saint-Jehan. Pendant lequel temps j'ay essayé de mettre
plusieurs partis en avant, ou bien de moderer et refformer ceux qui ja
ont esté presentés. Mais j'ay si peu advancé et si peu profité qu'il me
semble que je n'ay pas grande occasion de sejourner icy. Et m'en serois
desjà desparti, n'eust esté qu'un jeune homme allant en Espagne me
commanda hier de vostre part que je ne bougeasse d'icy jusques à ce
que vous m'eussiez mandé autres nouvelles. Et toutesfois l'abbé de
Saint-Jean qui est venu depuis ne m'a rien dit de vostre part ; qui faict
que je suis en grande perplexité craignant de failhir, soit que je m'en
aille, soit que je demeure, et pour m'en esclaircir, je vous supplie très
humblement m'advertir de vostre volonté. Cependant, Madame, je ne
veux oublier à vous dire que Monseigneur le Prince et toute ceste
compagnie se figurent beaucoup de maulx et beaucoup de ruines qui
adviendront pour ce different ; desirent que, puisqu'il n'y a encore mal
qui ne se puisse reparer en deux jours, qu'il se trouve quelque moyen
pour empescher qu'il n'en vienne davantage. Et sur cela ils persistent
en leur demande qu'ils ne veulent reconnoistre pour autre que pour
bonne, juste, saincte et necessaire à la conservation du repos public ;
et vouldroient bien que vous, Madame, fussiez en tel lieu, que sans

pays ». je renverrai aux *Notes et documents inédits pour servir à la biographie
de Jean de Monluc, évêque de Valence.* (Auch, 1868.) Mais combien de choses
pourraient être ajoutées à ma brochure d'il y a vingt ans! On les trouverait
surtout dans le tome XVII des *Archives historiques du département de la
Gironde,* où M. le comte Ed. de Barthélemy a publié (1877), sous le titre de
Lettres, Mémoires, Notes et extraits divers (p. 250-358), une série de pièces
(de 1555 à 1585) tirés des manuscrits de la Bibliothèque impériale de Saint-
Pétersbourg. Parmi ces pièces figurent plusieurs lettres et mémoires de Jean de
Monluc au roi et à la reine (24 janvier 1564, 20 et 21 juillet 1566, 28 juillet 1566,
20 octobre 1566, pp. 296, 318, 322, 329, 331).

(1) Sur les circonstances dans lesquelles fut écrite cette lettre, curieux exposé
des tentatives faites par Jean de Monluc pour adoucir l'esprit du prince de
Condé, après la requête des membres du triumvirat, voir les éclaircissements
donnés par M. de Ruble (*Antoine de Bourbon et Jeanne d'Albret,* tome IV,
1886, chapitre XVIII, consacré aux évènements d'avril et mai 1562, p. 145-270).
Là (p. 191), l'excellent historien attribue à l'évêque de Valence la rédaction du
remarquable manifeste du prince de Condé en réponse à la requête des triumvirs
(19 mai). M. de Ruble, en ce même volume (*Pièces justificatives,* p. 428),
mentionne un ordre du roi à Jean de Monluc d'aller au Concile de Trente avec
le cardinal de Lorraine (19 août 1562).

2

aucun respect, vous peussiez juger de leur dicte demande et de celle qui vous a esté presentée par les susdits seigneurs de Guise, connestable, et mareschal ; qui seroit le vray et certain moyen pour apaiser, comme ils pensent, les troubles, et nous preserver des ruines qui nous menacent. Et craignant de vous ennuyer de trop longue lettre, j'ay donné charge au present porteur de vous en dire tout ce que j'en ay pu comprendre, vous suppliant très humblement le vouloir escouter, et m'excuser si je vous confesse librement le peu de moyen que j'ay de vous faire service en cette affaire. Et toutesfois je n'en ay, en rien qui soit, diminué la bonne volonté, et espere qu'à l'heure qu'il y aura moins d'apparence d'accord, Dieu fera quelque ouverture de laquelle vous serez consolée comme le bon zele qu'il vous a donné le merite.

Madame, je prie Nostre-Seigneur vous donner, en parfaicte santé, tres longue et tres heureuse vie.

D'Orléans, ce xi mai 1562.

Vostre tres humble et tres obeissant serviteur,

Monluc E. Valence (1).

VI

Ordonnance de Jean de Monluc, évêque de Valence, au sujet de quelques navires du port de Bordeaux.

Jehan de Monluc, evesque et comte de Valence et Dye, conseiller du roy en son privé conseil, à Maistre Jean de Maillac, conseiller dudit

(1) Fonds français, vol. 6607, f° 23. Original. On trouve une copie dans un autre volume du même fonds, n° 6620, f° 21. Je dois communication de ce document à M. de Ruble, qui a eu l'amabilité de me communiquer aussi l'analyse de trois autres lettres de Jean de Monluc encore inédites à la Bibliothèque Nationale : 1° Lettre aux consuls de Valence, écrite d'Orléans le 21 mai 1562. Le roi l'a dépêché à Lyon et à Valence et lui a commandé de s'arréter à Orléans pour y négocier. Comme la négociation sera longue, il leur envoie le présent porteur, leur conseillant de le croire et de rester fidèles au roi. Il exprime le regret de ne pas avoir été plus tôt informé des événements de Valence. (Fonds français, vol. 10190, f° 163. Copie du temps.) — 2° Lettre à l'abbé de Malloc, vicaire général de Valence, sur le même sujet et à la même date. (*Ibid.*, f° 163, v°. Copie du temps.) — 3° Lettre à Tavannes, écrite de Surieu, le 3 octobre 1562. Il lui annonce qu'il se rend en Bourgogne et, comme le pays est en guerre, il lui demande une lettre de recommandation. (Fonds français, vol. 4631, f° 39. Original.)

seigneur et fermier general du recouvrement et distribution de ses finances au païs et generallité de Guienne (1), salut.

Nous vous mandons et ordonnons que des deniers tant ordinaires que extraordinaires de votre dicte ferme et recepte, vous payez, baillez et delivriez comptant à M. Guillaume Le Beau, aussy conseiller d'icelluy seigneur tresorier et receveur general de la marine du Ponant, la somme de mil quatre vingtz treize livres seze solz deux deniertz que nous lui avons ordonné et ordonnons pour icelle employer assavoir viii^c iii^l xvj^s ij^d pour..... (2) navire du roy nommé La Catherine, lequel auroit arrivé en ce pays..... (3) et presque hors d'esperance de pouvoir estre relevé, tellement que, à cause de la perte d'un tel navire, il y auroit dangier de gaster le port et havre de ceste ville; pour ceste cause avec le conseil et advis du cappitaine Berre et autres ca;:pitaines de navires et marins à ce expertz et entenduz, ordonnasmes que avant que la grande marée vind, qui devoit estre le quinziesme jour de janvier, l'on essayast en toute diligence de relever le dict navire, ce qui a esté faict en la presence du procureur general du Roy et du dict cappitaine Berre. et autres, qui nous ont tesmoigné de la diligence des mariniers et autres ouvriers qui meritoient en ung si bon et prompt service estre salarisez; et les ii^c iiii^{xx} x^l restans pour estre distribuées à six gardiens des navires du Roy nommez Le Charles, La Catherine et L'Ours, estans sur le port et havre du dict Bordeaulx pour les garder jour et nuict durant les mois de janvier, febvrier et mars, et en rapportant par nous ces presentes et quitance du dict Le Beau sure, suffisante, la dicte somme vous sera passée et allouée en la despense de voz comptes et rabatue de vostre recepte par Messieurs des Comptes à Paris, ausquelz prions ainsi le faire sans difficulté.

Faict à Bordeaulx, le viiie jour de janvier mil v^c soixante-neuf.

MONLUC E. VALENCE (4).

(1) Sur cet officier de finances, voir divers passages des *Commentaires* et des *Lettres* (t. II, IV et V).

(2) Ici quelques mots qu'une large tache rend illisibles.

(3) Méme observation.

(4) Bibliothèque nationale, fonds latin, vol. 17,029, f° 153. Original. Document à rapprocher de divers autres documents qui se rattachent an séjour de Jean de Monluc à Bordeaux. Voir *Archives historiques du département de la Gironde*, tome VII, p. 175-176; *Notes et documents* de 1868, pp. 53-55, 55-56, 59-60, 62, etc. A ce propos, rappelons ici qu'au bas de la page 30 de la brochure qui vient d'être citée, je mentionnais une lettre conservée dans les archives municipales de Bordeaux, écrite par Jean de Monluc, le 7 août 1570, aux jurats de cette

VII

Lettre de Jean de Monluc, évèque de Valence, au roi Charles IX.

Sire,

Pendant que j'ay esté deux jours abscent de Monsieur de Monluc (1), le sieur de Beaumont est arrivé de vostre part (2) qui luy a baillé les lettres qu'il vous avoit pleu de luy escripre, ausquelles j'ay incontinant après mon retour satisfait, et en ay envoyé les copies par toutes les senneschaulcées et villes principalles de ceste province, et vous puys asseurer que pour le reguard du premier article, qu'est de la suspention des armes, n'y aura pas grand difficulté que vous n'y soyés fort promptement et fort vollontiers obey; car du jour qu'on veist rapporter le dict sieur de Monluc à sa mayson (3), toute l'assemblée, qu'estoit de quarante-cinq enseignes de gens de pied et de cinq à six cens sallades, se despartist en telle sorte que avecques grand peyne l'ons en a peu retenir huict ou dix enseignes pour les fere tenir sur la frontiere de Bear, et du reste chascun s'est retiré à sa mayson, hormiz la pluspart de noz gendarmes qui despuyz un an ont accoustumé de se faire payer au triple de ce que montent leurs guaiges et ce neantmoings ne bouger point de leurs maysons, ainsy que je vous ay par plusieurs foys escript, à quoy il vous a pleu me fayre respondre par voz lettres du deuxiesme de ce moys, par lesquelles il vous plait me commander d'embrasser la cause de vostre pouvre peuple; et comme j'ay receu toutz voz comman-

---

cette ville, et j'exprimais le vœu qu'on ne nous en fit pas trop attendre la publication. Près de vingt ans ont passé sur mon vœu et l'on ne s'étonnera pas si je le renouvelle avec une impatience voisine du désespoir.

(1) Les deux frères, comme M. de Ruble l'a remarqué *(Introduction* aux *Commentaires,* p. xxi), vécurent ensemble pendant les années 1570 à 1572. L'évèque de Valence remplissait auprès de son ainé les fonctions de commissaire-receveur.

(2) « Le roy me despescha Monsieur de Beaumont, mareschal des logis de Monsieur le prince de Navarre, etc. » *(Commentaires,* tome III, p. 452).

(3) Après qu'il eut reçu, à l'assaut du château de Rabastens, une si terrible *arquebousade sur le visaige (Commentaires,* tome III, p. 423).

dementz à grande obligation pour l'honneur que vous me faites de m'employer en chose qui vous soit agreable, je me tiens plus honoré de cestuy cy que de toutz les aultres (4), d'aultant que faysant ce qu'il vous plait me commander, je m'employeray en ce qui peult vous rendre plus agreable à Dieu qui vous a donné ceste bonne intention, et tant que vous l'executerez, il vous fera tousjours prosperer en toutes voz affaires; et en cecy, Sire, ne reste synon à vous supplier très humblement fere guarder touttes mes lettres, affin que sy quelqun pour se couvrir se vouloit advancer de dire ou escripre le contrayre de ce que je vous ay mandé tant de ce fait que toutz aultres concernantz l'estat de ce pays, qu'il vous playse m'en faire advertir et je vous en envoyeray telle preuve que vous cognoistrés que pour rien du monde je ne vous vouldroys mantir, et en cecy ne pourrois je avoyr failhy synon comme ceux qui parlent en termes generaulx parce que à la verité les ungs ont plus failly que les aultres. Les ungs ont beaucop travailhé et beaucop souffert et se sont contantés de ce peu que l'on leur a baillé, et en cella, Sire, j'uzeray de la mesme syncerité que j'ay accoustumé de faire et vous diray que la compaignye du sieur de Fontanilles (1), despuys que Monsieur la renvoya du camp, a esté plus que toutes les aultres employée pour vostre service et mesmes, tant que le camp de messieurs les princes a demeuré en ce pays, n'y a eu compaignye que la syenne et celle de Monsieur de Monluc qui se soit monstrée, j'entends d'icy Tholose, et comme le dict sieur de Monluc est liberal à bailler commissions ruyneuses plustost aux siens que aux aultres, il l'a despuys tousjours tenu aux frontieres de Bear, tant pour la fiance qu'il avoit au cappitaine que parce qu'il y a plus de noblesse en la dicte compaignye qu'en pas une des aultres; et cella estant veritable comme il est, à peyne de ma vye et de mon honneur, j'espere que vous ne trouverez maulvays que je vous supplye très humblement (mais c'est avecq plus d'affection que je vous suppliroys de me fayre du bien, encore que j'en aye bien grand besoing), qu'il vous playse avoir ledict sieur de Fontanilles pour recommandé et que sy honneste compaignye et sy bonne de jeunes gentilzhommes qui vous serviront icy et en toutz aultres endroitz qu'il vous plaira leur commander.

---

(4) Il faut rapprocher ce passage de toute la belle et énergique lettre écrite au même roi par Jean de Monluc deux ans auparavant (2 décembre 1568), à l'occasion de la misère du peuple causée principalement par les excès des gens de guerre (Appendice de la brochure déjà citée : Quelques pages inédites de Blaise de Monluc, p. 20-22).

(1) Philippe de La Roche, baron de Fontenille, gendre de Monluc. Voir Commentaires, tome II, p. 142 et passim, ainsi que tome III, passim.

Sire, je prie Nostre Seigneur vous donner en tres heureuse vie une perpetuelle felicité.

De Cassagnes (1), ce 17ᵐᵉ d'aoust 1570.

Vostre tres humble et tres obeissant serviteur et subject,

MONLUC E. VALANCE (2).

VIII

Au roi de France Henri II (3).

Sire,

Ce jour d'huy qu'est le 22ᵉ de ce mois de mars, ay receu la despes-che et don qu'il vous a pleu me faire du gouvernement d'Albe (4) et ne

(1) L'héroïque blessé de Rabastens a dit *(Commentaires,* tome III, p. 452) : « Ma femme me vint prendre à Marsiac, et m'en appourtarent dans sa lictière jusques à Cassaigne, maison de l'évesque de Condom, près de Condom, là où la colicque, pour me refreschir, me tint trois sepmaines, sans me laisser trois jours et me cuyda empourter. Monsieur de Valence, mon frère, me vint trouver et ne m'habandonna jamais jusques à ce que les médecins et sirurgiens luy asseurarent que je me mourrois point de la playe... » Voir, à l'*Appendice*, *Extrait du testament inédit de Jean Du Chemin, évêque de Condom,* extrait pris par M. l'abbé de Carsalade du Pont dans les archives du château de Saint-Blancard et dont il s'est gracieusement dessaisi en ma faveur.

(2) Bibliothèque nationale.

(3) Sur Joachim de Monluc, seigneur de Lioux, prince de Chabanais, cheva-valier de l'ordre du roi, gentilhomme ordinaire de sa chambre, etc., voir une note de M. de Ruble (*Commentaires,* tome I, p. 15) sous ce passage relatif à Fabien de Monluc, seigneur de Montesquiou, le quatrième et dernier fils de Blaise : « Je luy ay donné Chabannais, que Monsieur de Lioux, mon frère, m'avoit donné par son testament [1567]. » Indiquons, dans le tome I des *Archi-ves historiques du département de la Gironde* (p. 335-341), une *Transaction* (31 mars 1563) *entre les coseigneurs de la terre de Longueville* (près de Mar-mande, aujourd'hui possédée par M. Osmin Massias, gendre de M. de Labarre), où l'on trouve force détails sur Joachim de Monluc et sur deux sœurs de son père, Galiane, mariée à François de Pellegrue, seigneur de Cambes, et Florette, mariée à Jean de Pellegrue, seigneur de Longueville. Une des lettres de l'évêque de Valence publiées par M. Ed. de Barthélemy et mentionnées plus haut (docu-ment nº V, note 1) nous apprend, à la date du 20 octobre 1566, que le sieur de Maligny avait enlevé à Joachim de Monluc son château de *Chabanes (sic* pour Chabanais, chef-lieu de canton de l'arrondissement de Confolens, à 50 kil. d'An-goulême).

(4) Plusieurs auteurs ont cru que Joachim de Monluc fut gouverneur non d'Albe en Italie, mais d'Albi en Languedoc. Parmi les coupables je signalerai le P. Anselme (*Grands officiers de la couronne,* t. VII, p. 291) et, à sa suite, d'Hozier (*Généalogie Chapt de Rastignac,* p. 12). Sur la nomination du gouver-neur d'Albe, voir les *Commentaires* (tome I, p. 446) et les *Lettres* (tome IV, p. 10).

fauldray de m'en aller en la plus grande dilligence que je pourray. Je vous supplie tres humblement, Sire, croire que je vous y serviray aussi fidellement que subgect ny serviteur que ayez de par dela et prie Dieu qu'il me doint la grace de vous y pouvoir faire service agreable. Je vous mercie tres humblement du bien et honneur qu'il vous a pleu me faire de permettre que je fine mes jours en vostre service en lieu et charge si honnorable. Je prieray Dieu,

Sire, vous donner tres heureuse et longue vie.

D'Agen, ce 22ᵉ mars 1553.

Vostre tres humble et tres obeissant subgect,

J. Monluc (1).

IX

Au connétable de Montmorency.

Monseigneur,

Auiourd'huy qu'est le 22ᵉ de mars, ay receu les lettres patentes du Roy du don du gouvernement d'Albe et me desplaist que ceulx qui avoient prins la charge de me la porter n'en ont faict meilleure dilligence de me faire tenir; et m'eusse espargné mille escuz qu'il m'a cousté à dresser ou armer les deux enseignes qu'il vous a pleu me faire donner, et quant je les eusse menées jusques au camp, je vous eusse montré les deux plus belles compaignies qui sortist y a dix ans de Gascoigne, et le Roy eust congneu que je n'avois rien espargné pour son service.

Monseigneur, je vous mercie tres humblement du bien qu'il vous a pleu me faire d'estre cause que le Roy m'aye employé en ung lieu si honnorable. J'espere que Dieu me fera si heureux que ledict seigneur et vous vous contenterez du service que je feray de par dela; et encore que je me trouve bien fort content de la charge qu'il vous a pleu me faire donner, si eussay-je fort desiré de vous faire service ce voyage afin d'avoir asseurance d'estre pour à jamays en vostre protection, et le bien

(1) Bibliothèque nationale. Fonds français, n° 20,462, f° 1.

et honneur que j'ay eu jamais jusques icy et espere avoir, ce sera par vostre moyen; et prie Dieu, Monseigneur, vous donner l'heur et contentement que je vous desire, et à moy la grace de vous faire service.

D'Agen, ce 22e mars 1553.

Vostre tres humble et tres obeissant serviteur,

J. MONLUC (1).

X

Lettre de Fabien de Monluc, dernier fils du maréchal, à Robert de Gontaut, prieur de Sainte-Livrade (2).

Monsieur, le anvoye mon frere (3) devers vous pour vous dire l'ese et le contantemant que ie eu ayant antandu que Monsieur de Monluc vous avoyet choisy pour avoyr l'evesché de Condom (4). Au reste ie luy ey dit quelque chose pour vous dire de ma part; ie vous prie le croyre comme moy mesmes, e esperant que vous vouldrés montrer an cecy mon amy, comme ie veus fere an vostre endroyt an tout ce que me sera possible, ne vous feré plus longe lettre, remetant le reste au

(1) Fonds français n° 20,462, f° 1. Comme la lettre précédente, c'est une copie faite d'après les manuscrits Lamoignon.

(2) Sur Fabien de Monluc voir les *Commentaires*, tome I, p. 15; tome III, *passim*. Sa biographie a été très bien résumée par M. de Ruble (tome I, p. 15, note 1). Contentons-nous de rappeler qu'il suivit son frère Pierre-Bertrand dans la malheureuse expédition d'Afrique; qu'il épousa, le 9 janvier 1570, « l'héritière de Montesquiou », comme dit Blaise de Monluc (tome I, p. 15); qu'il fut blessé au siège de Rabasteins et tué (septembre 1573) à l'assaut de Nogaro.

(3) Ce frère devait être le chevalier Jean de Monluc, futur successeur de Robert de Gontaut sur le siège de Condom.

(4) M. le comte Hector de La Ferrière (*Lettres de Catherine de Médicis*, tome II, 1885, p. 235) cite notre document en une note sous une lettre de la reine-mère à l'auteur des *Commentaires* touchant l'évêché de Condom (22 novembre 1564) et, se trompant plusieurs fois, il présente ce document comme « une lettre de *Charles* de Monluc félicitant *Sainte-Livrade* (sic pour le prieur de Sainte-Livrade), *un des fils d'Antoine de Noailles*, de ce que Blaise de Monluc lui a assuré l'évêché de Condom ». On voit par la lettre de Catherine de Médicis à Blaise de Monluc que ce dernier fut obligé de *partager l'évêché de Condom* avec Jean de Morvillier, évêque d'Orléans. Conférez les lettres de Blaise de Monluc, tome IV, p. 360; tome V, p. 13 et suiv.

presant portur, me recomandant bien humblemant à vostre bonne grace, priant Dieu,

Monsieur, que an santé vous doynt uruse et loungue vie.

De Flamarens, ce disiesme de desambre 1564.

Vostre meilleur amy pret à vous fere service,

F. DE MONLUC.

Ie ne vous manderé rien de la maladie de Monsieur de Monluc, m'asurant que mon frere vous dira comme tout et pasé (1).

XI

Lettre de Fabien de Monluc à Robert de Gontaut, évéque de Condom.

Monsieur, Il y a un marchant de Condom nomé Langlade auquel ie doys 135 livres 18 sols. Si vous avez le moyen après la racolte de les luy payer, me feriez un bien grand plesir (2). Ie vous prie ne trouver estrange que ie vous emploie si souvant : car la necessyté là où ie me trouve me le commande. En recompance de tant de biens et plaisirs que ie resoys de vous, ie vous en rendrai toute ma vie amytié et service, autant que à tous les omes du monde. Ie espere vous aller voyr devant mon partemant, qu'et fin (3) après m'estre recommandé de bien bon cur à vostre bonne grace, priant Dieu,

Monsieur, que an santé vous doynt uruse et loungue vie.

De Bourdeaux, ce 12 de juillet 1566.

Vostre millur neveu pret à vous fere service,

F. DE MONLUC (4).

(1) Bibliothèque Nationale, fonds français, n° 20,462, f° 145. Copie.
(2) On voit que déjà, à cette époque, les neveux considéraient les oncles comme on les considère dans la spirituelle variante du vers de Legouvé :

« Un *oncle* est un *caissier* donné par la nature. »

(3) C'est-à-dire : « ce qui est la fin de ma lettre. »
(4) Bibliothèque Nationale, fonds français, n° 20,462, f° 115. Copie.

XII

Lettre du chevalier Jean de Monluc, troisième fils du maréchal (1),
« A madame la duchesse de Ferrare » (*Renée de France*).

Madame, j'ai comendement de monseigneur le duc d'Anjou de me
aler metre dedens Montargy avec des companies de mon regiment pour
le service du Roy, et m'a dict qu'il vous a escript et faict escrire à la
magesté du Roy pour vous prier de me recepvoyr pour faire son dict
cervice et vostre; et à ceste cause, madame, je vous envoye ce gentil-
home present porteur pour vous le faire entendre et pour vous suplier
tres humblement me mander incontinent vostre voulounté et vous
assurer qu'il n'y eust seu envoyer personne qui soyst plus prest à vous
faire tres humble cervice que moy quand il vous plairra me co-
mender.

Madame, je prierai Dieu vous donner en perfaicte santé tres heureuse et longue vie.

De Sans, ce vi° de fevrier 1568.

Vostre tres humble serviteur,

Le chevalier DE MONLUC (2).

(1) Sur Jean de Monluc, chevalier de Malte, prince de Chabanais, évêque de
Condom de 1571 à 1581, voir les *Commentaires, passim*, mais surtout tome i,
p. 15, où l'on trouve cet éloge de sa vertu guerrière : « Et croy que s'il eust
suivy les armes, il n'eust guières esté moingz que ses frères, car son commencement l'a démonstré, tant pour la réputtation qu'il a acquize au siège de Mal-
the, que là où il s'est trouvé par deça ». M. de Ruble (note de la page 14) fait
mourir Jean de Monluc en 1585. Voici ce que dit à ce sujet M. Philippe Lauzun
(*Lettres inédites de Marguerite de Valois*, xi° fascicule des *Archives historiques de la Gascogne*, p. 31, note 2) : « Il résulte des Archives de Condom et
des minutieuses recherches que notre savant compatriote M. J. Gardère y a
bien voulu faire pour nous, que l'évêché de Condom devint vacant en ce temps-
là par la mort du titulaire, Jean de Monluc, qui arriva le 6 août 1581, à quatre
heures du soir, et non à la fin de janvier 1582, comme le dit dans son Supplé-
ment à l'*Histoire de la Gascogne*, p. 571, le chanoine Monlezun. Le lendemain,
les consuls annoncent cet événement à la jurade. » Les auteurs du *Gallia christiana* (tome ii, colonne 969) n'avaient pas donné la date de la mort de Jean de
Monluc. Voir à l'*Appendice* (n° iii) un *Extrait du testament de Jean du Chemin, évêque de Condom*, relatif à son prédécesseur et bienfaiteur le commandeur de Monluc.

(2) Bibliothèque Nationale, fonds français, n° 2,218, f° 76. Original.

XIII

Lettre de Fabien de Monluc au duc d'Anjou.

Monseigneur, suyvant le commandement qu'il vous pleust me fere estant à la court je suyz en ce payz aveq Monsieur l'Admiral (1). Mays entendant que vous faictes armée je me prepare pour vous aller trouver aveques ma compaignye; car vous estant mon maistre, je ne pretendz bien ny honneur d'aultre que de vous, et par mesme rayson j'y veulx hazarder ma vye et celle de mes amys auprès de vous, supliant très humblement vostre grandeur de m'onorer tant de me commender que je vous ailhe trouver (2). Monsieur de Monluc mon pere s'en va vous trouver aveques grand volonté de vous fere service, comme je espere que cognoistrez (3). Je me tiendray tout prest pour marcher à vostre premier commandement.

Monseigneur, je supplye le Createur qu'il maintienne Vostre Grandeur en toute prosperité et vous doint tout ce que dessirez.

De Montesquieu (4), ce xxvi decembre (1572) (5).

> Vostre très humble et très obeisant serviteur,
>
> FABIAN DE MONLUC (6).

(1) Honorat de Savoie, marquis de Villars, fut amiral de France depuis la fin d'août 1572 jusqu'en 1578. Il mourut maréchal de France en 1580. Il avait succédé à Blaise de Monluc dans le gouvernement général de la Guyenne. L'auteur des *Commentaires* a dit deux mots de son successeur (tome III, p. 434 et 527).

(2) En réponse à cette prière, le duc d'Anjou écrivit à F. de Monluc, le 27 janvier 1573, de venir le joindre devant la Rochelle. Voir *Commentaires*, tome III, p. 527, note 4.

(3) Blaise de Monluc, accompagnant le duc d'Anjou, arriva, le 12 février 1573, devant la Rochelle. Voir, dans *Quelques pages inédites de Blaise de Monluc*, le mémoire qu'il rédigea au sujet de ce siège et qu'il adressa au futur Henri III (p. 6-15).

(4) Aujourd'hui chef-lieu de canton de l'arrondissement de Mirande, à 20 kilomètres d'Auch. On écrivait tantôt Montesquieu, tantôt Montesquiou. La terre de Montesquiou avait été apportée à Fabien de Monluc par sa femme, Anne de Montesquiou, qui devint par la mort de ses frères l'unique héritière de Jean II, baron de Montesquiou.

(5) Quelques mois plus tard, F. de Monluc mourut dans des circonstances qu'il faut laisser raconter à son père *(Commentaires*, tome III, p. 527) : « Je perdis, pour mon dernier malheur, mon filz Fabian, seigneur de Montesquieu, lequel, voulant forcer une barricade de Nogaro, feust blessé d'une arquebusade, de laquelle il mourut. Encor qu'il feust mon fils, je puis dire qu'il estoit bien né et valeureux. Cela me cuida accabler d'ennuy; mais Dieu me donna le couraige de le pourter, non pas comme je devois, mais comme je peux. » Conférez Brantôme, *Grands capitaines français*, tome IV de l'édition de M. Lud. Lalane, p. 44.

(6) Bibliothèque Nationale, fonds français, n° 15,558, f° 217. Original.

XIV

Lettre de Marguerite de Monluc, fille du maréchal (1), *à Robert de Gontaut, évêque de Condom.*

Monseigneur, i'ay resceu la lettre qu'il vous a pleu m'escripre et vous remercie tres humblement de la peyne qu'il vous plaict prendre pour moy. Il ne m'est possible faire vostre contentemant si tost que me mandés par vostre lettre à cause que sommes icy toutes seulles sans aucqu'une monture. Monsieur le capitayne Monluc (2) s'en a tout amenné à Mages (3) il y a quinze iours. Des que i'eus resseu les lettres de Monsieur et Madame de Monluc, qui feut mardy de matin, madame de Caupenne (4) luy despescha pour les luy apporter affin qu'il nous envoyast des chevaux; n'en avons encores heu nulles nouvelles; y en mandons un autre sur l'eure presante des incontinent ne faire faute de partir s'il est besoing; par quoy, monsieur (5), puis que l'election tumbe

(1) Marguerite était la fille ainée de Blaise de Monluc (premier lit). Tout ce que l'on savait d'elle jusqu'à ce jour, c'est qu'elle fut religieuse au monastère de Prouilhan (diocèse de Condom). La présente lettre nous aidera à un peu mieux la connaitre. Rappelcns qu'une de ses sœurs, Marie, fut religieuse au monastère du Paravis (diocèse d'Agen), et qu'une autre sœur (du même lit), nommée Françoise, épousa (janvier 1555) le baron de Fontenilles, déjà mentionné dans les notes précédentes. Les trois demi-sœurs de Marguerite, filles d'Isabeau de Beauville, furent : 1° Charlotte-Catherine, mariée (décembre 1581) avec Aymeric de Voisins, baron de Montaut; 2° Suzanne, mariée (décembre 1581) avec Henri de Rochechouart-Barbazan, baron de Faudoas; 3° Jeanne-Françoise, mariée (octobre 1587) avec Daniel de Talleyrand-de-Grignols, prince de Chalais.

(2) C'était Pierre-Bertrand de Monluc, second fils du premier mariage de Blaise. Il avait été fait capitaine à l'âge de 17 ans, comme on le voit dans une lettre de l'évêque de Valence (p. 47 de mon recueil); il fut tué à Madère en août 1566. Il était toujours appelé le capitaine Monluc. Voir sur cet intrépide aventurier une étude spéciale de M. Paul Gaffarel dans la *Revue historique* de juillet 1879 (p. 273-332) sous ce titre : *Le capitaine Peyrot Monluc.*

(3) Peut-être Magescq, commune du département des Landes, arrondissement de Dax, canton de Soustons, à 68 kilomètres de Mont-de-Marsan.

(4) C'était la belle-mère du capitaine Monluc, lequel avait épousé, le 6 juillet 1563, Marguerite de Caupenne. Cette belle-mère s'appelait Françoise de Cauna; elle était mariée à François, seigneur de Caupenne. Voir *Généalogie de la maison de Caupenne*, dans le tome III de l'*Armorial des Landes*, par le baron de Cauna (Paris et Bordeaux, 1869, p. 193).

(5) Marguerite, après avoir donné du *Monseigneur* à Robert de Gontaut au commencement de sa lettre, croit avoir fait assez et se contente de l'appeler *monsieur;* seulement elle revient au titre de *Monseigneur* dans la formule finale.

vendredy qui est demain (1), ie voudrois scavoir, si estoit vostre bon plaisir, comme elles en auront arresté puisque ne m'y puis trouver encore, pour ne prandre point unne mocquerie. Aussi, monsieur, ie vous vouldrois suplier tres humblemant adviser si en prennant ceste charge ce pourra estre gueres mon ayse ny advantage. J'ay telle fiance en vous, monsieur, que ne me prouchasserez iames chose que ie ne m'en doyve contenter et me tiens fort obligee de ce bien et autre qu'ay resseu de vous pour vous en faire toute ma vie tres humble service. A quoy m'employeray en toutz les endroictz qu'il vous plaira me comander et que Dieu m'en donrra le moyen, d'aussi bon cœur que luy prie,

Monseigneur, vous donner en santé longue vie et à moy vostre bonne grace, laquelle sallue de mes tres humbles affectionnées recommandations.

De Cauna (2), ce 15.

Par vostre tres humble obeissante cousine,

M. MONLUC.

Madame de Cauna (3) m'a comandé vous presenter ces tres humbles recommandations à vostre bonne grace (4).

(1) S'agissait-il de l'élection d'une abbesse ou de quelque autre dignitaire du monastère de Prouilhan ? Malheureusement les auteurs du *Gallia christiana* n'ont pas consacré de notice à ce monastère et lui ont seulement accordé une mention de deux lignes (tome II, colonne 960) : « An. 1277 conditur nobile cœnobium de Ponte-Viridi, seu de Prulliano, monialium ordinis Dominicani a Vienna de Gontaldo ».

(2) Commune du département des Landes, canton et arrondissement de Saint-Sever, à 8 kilomètres de cette ville, à 23 kilomètres de Mont-de-Marsan.

(3) M** de Cauna devait être Jeanne d'Abzac de Ladouze, qu'Etienne de Cauna, seigneur de Cauna, épousa après avoir perdu sa première femme Eléonore de Pouylehaut. La seconde M** de Cauna était donc la belle-mère (ou marâtre) de M** de Caupenne.

(4) Bibliothèque Nationale, fonds français, n° 20,462, f° 103. Copie.

XV

Lettre de Charles de Monluc, petit-fils du maréchal (1), *au roi de France Henri III.*

Sire, suyvant vos comandemens j'ay esté parler au sieur de Lussan, gouverneur de Blaye (2), auquel j'ay faict entendre la creance qu'il vous avoict pleu me donner, et m'a dict pour responce qu'il n'a jamais eu autre intention que d'estre vostre tres humble fidelle subjet et serviteur; toutesfoys, qu'ayant ceste place en charge, où il estoict enguaigé et son honneur aussy pour vostre service, il s'y est trouvé sy necessiteux et hors de moyen de la conserver qu'il a esté contrainct d'entreprendre ce qu'il faict et de fere payer le succide (3) qu'il prend aux baysseaus quy passent au habre (4) de la dicte ville pour y entretenir les soldats et mortepayes; bien que ç'a esté aprez avoir souvent

(1) Charles de Monluc, seigneur de Caupène, était le second fils de Pierre-Bertrand de Monluc. Il devint chevalier de l'ordre du Roi, capitaine de cinquante hommes d'armes de ses ordonnances et son sénéchal d'Agenais et Gascogne. Il fit son testament le 3 janvier 1595 et fut tué, le 19 mai 1596, sous les murs de la ville d'Ardres qu'assiégeaient les Espagnols, dans une sortie où brilla sa valeur et où il se montra le digne fils du capitaine, son père, et du maréchal, son grand-père. (Voir sur cet événement la *Chronologie novennaire* de Palma Cayet, l'*Histoire* du président de Thou, celle de Mézeray, etc.). On trouve dans les *Archives historiques du département de la Gironde* (tome XIX, 1879, p. 287) le contrat passé, le 17 février 1597, par Florimond de Raymond, conseiller au parlement de Bordeaux, premier éditeur des *Commentaires*, et Théodore de Hius, écuyer, au nom de haute et puissante dame douairière de Monluc, avec deux maîtres maçons pour la construction d'un tombeau en marbre, que les représentants de la mère de Charles de Monluc s'engagent à faire porter de Bordeaux en la ville d'Agen, au couvent des Cordeliers.

(2) Jean Paul d'Esparbez, septième fils de Bertrand d'Esparbez, seigneur de Lussan, et de Louise de Saint-Félix, fut seigneur de Lussan, de la Serre, de la Garde, de Saint-Savin, de Vitriesse et de Chadenac. Capitaine des gardes écossaises du corps du roi, chevalier de l'ordre du Saint-Esprit, il eut, outre le gouvernement de Blaye, le sénéchalat d'Agenais et de Condomois. Il mourut fort âgé le 18 novembre 1616. Les documents relatifs soit à J.-P. d'Esparbès, soit à sa famille, abondent dans la *Revue de Gascogne*, comme dans les *Archives historiques du département de la Gironde*.

(3) Charles de Monluc écrit *succide* pour *subside*. Au XVIᵉ siècle, Vincent Carloix se sert de la forme *suscide*.

(4) On a reconnu l'ancienne prononciation gasconne : *baysseaux* pour *vaisseaux*, *habre* pour *havre*.

donné advis à Vostre Majesté et à Monsieur le Mareschal de Matignon de l'importance d'icelle et de la necessité en quoy il y estoict, et n'y ayant esté pourveu, cella l'auroict forcé de s'en dispencer, mais que s'il plaict à Vostre Majesté luy fere cest honneur de remedyer à ses necessitez, il cessera tout soudain ce qu'il en a comencé, qu'est tout ce qu'il m'a respondeu. Au reste, Sire, je ne faudray d'assembler le plus de mes amys que je pourray tant de ma compagnie que d'autres volontaires et me tenir prest attendant vos comandemens; ores que je ne pourray mectre beaucoup de gens aux champs qu'avec grand incomodité, attendeu le long temps qu'il y a que ma dicte compagnie n'a faict monstre, nonobstant qu'elle a esté durant les guerres passées tousjours des premieres en pied en ce pays pour vostre service, sy est-ce que je feray tout ce que je pourray et supplieray tres humblement Vostre Majesté de s'en ressouvenir, affin que les gens d'armes d'icelle ayent plus de moyen avecques moy de vous rendre le tres humble et fidelle service que nous vous debvons tous.

Sire, je supplie le Createur augmenter et accroistre les grandeurs de Vostre Majesté.

De Bordeaulx, ce xvᵉ avril 1585.

Vostre tres humble et tres obeissant subjet et serviteur,

MONLUC (1).

XVI

Lettre de Charles de Monluc au roi de France Henri III.

Sire, il y a desja ung moys que je vous escrivy de Bordeaux la responce que le sieur de Lussan, gouverneur de Blaye, m'avoict faicte sur la creance qu'il pleust à Vostre Majesté me donner pour luy fere entendre; et despuys m'en estant venu en ces quartiers de Guascogne, j'ay faict toute la diligence que j'ay peu à rechercher des hommes pour rendre ma compagnye en estat et digne de vous fere service, sy bien que l'heur m'a esté si favorable que j'ay trouvé ung bon nombre d'ho-

(1) Bibliothèque Nationale, fonds français, nᵒ 15,569, fᵒ 92. Original.

nestes hommes, et plus qu'il ne m'en fault pour la rendre complecte, tous disposez et en bonne volonté de rendre à Vostre Majesté le très humble et fidelle service que nous vous debvons tous, et les entretiens en ceste bonne oppynion, attendent ce qu'il vous plairra, Sire, que je face, soyt d'aller devers Vostre Majesté, ou demeurer par deça pour m'employer aux occasions qu'elle me commandera; ores qu'on m'a escript de delà qu'il vous avoict pleu me faire cest honneur de me mander vostre intention, laquelle toutesfoys je n'ay poinct entendue, ne moings receue aucune despeche de Vostre Majesté ne d'autre quy en fist nulle mention, sy est-ce que je me tiens prest avec tous mes amys pour obeyr à tous les commandemens qu'il vous plairra me fere. Bien est vray que ceulx de ma dicte compagnye n'ayant poinct faict il y a fort long temps monstre desireroyent qu'il pleut à Vostre dicte Majesté de s'en ressouvenir et mander à Monsieur le Mareschal de Matignon qu'il leur en fist faire affin qu'ilz ayent plus de moyen avec moy de vous temogner le zelle et cincerité que nous avons et debvons à vostre tres humble service, car sans ung peu d'ayde à tout le moings d'une monstre il me seroict malaisé d'admenner hors de ce pays une belle trouppe telle que je pence avoir pour vostre dict service, et avec ceste eternelle devotion,

Sire, je supplie le Créateur augmenter et accroistre les grandeurs de Vostre Majesté.

D'Estillac, ce 14 jour de may 1585.

Vostre tres humble et tres obeissant subjet et serviteur,

MONLUC (1).

XVII

Lettre de Charles de Monluc au roi de France Henri III.

Sire, Il y a environ cinq semaines que je receus une lettre de Vostre Majesté par laquelle vous pleust me donner assurance d'employer en bref ma compagnie de gens d'armes après avoir faict montre, tellement que soubz ceste sperance ung bon nombre de gentilshommes que j'avois enrollés pour le service de Vostre Majesté ont demeuré en leurs

(1) Bibliothèque nationale, fonds français, n° 15,569, f° 250.

maisons; toutesfois ne pouvant effectuer ce que leur avois promis, ilz s'ennuyent d'une si longue attante, d'autant qu'ilz ont veu les autres compaignies tant vieilles que nouvelles avoir faict monstre, estant la miene des plus antienes, ce que les faict entrer en opinion que Vostre Majesté n'en faict poinct d'estat, qu'il ne peult estre que fort desadvantageus pour moy, m'arrivant ce malheur de n'estre employé avec mes amis pour votre service, chose que je desire d'aussi bon cueur comme je suplie tres humblement Vostre Majesté vouloir croire que nul sera honoré de vos commandementz qui ait meilheure volonté d'y obeir que moy qui ne pourrois qu'avec regret insupportable demeurer à ma maison (1) lorsque les autres seront employés, mais sur l'esperance que j'ay de recevoir ceste faveur de Vostre Majesté je tascheray à conserver les homes que j'avois disposés pour vostre service, bien qu'il me sera malaisé, si la dilation en est longue, estant recherchés de plusieurs; et attandant quelque resolution de vostre volonté, prieray Dieu qu'il luy plaise,

    Sire, vous conserver en toute prosperité et santé.

    Vostre tres humble et tres oubeissant subgect et serviteur,

MONLUC (2).

D'Estillac, ce xi juillet 1585.

XVIII

Lettre de Charles de Monluc, sénéchal d'Agenais, à Henri IV.

    Sire,

    L'honneur qu'il a pleu à Vostre Majesté me fere par vos lettres que le sieur de Gignan (3) m'a rendues et les propos qu'il m'a tenus de vostre part m'avoyent faict preparer de vous aller trouver pour vous rendre preuve de l'extresme desir que j'ay tousjours eu de vous fere tres humble service. Je reçoys beaucoup de desplaisir qu'il m'ayt esté

    (1) C'est-à-dire à Estillac, où Charles de Monluc avait remplacé son grand-père. Nous retrouverons Charles de Monluc à Estillac en 1594.
    (2) Bibliothèque nationale, fonds français, n° 15,570, f° 117. Original.
    (3) On ne trouve pas ce nom (peut-être mal lu) dans la *Table générale des matières* du Recueil des *Lettres missives de Henri IV.*

3

impossible pour les justes ocasions que le sieur de Monbrun (1), present porteur que j'envoie exprés vers Vostre Majesté, vous dira. Je la supplie tres humblement m'honnorer tant que de l'ouyr et de le croire, et vous assurer, Sire, qu'au despens de ma vye et de mon honneur je ne manqueray point aux choses qu'il vous assurera de ma part et d'obeyr aux commandemans de Vostre Majesté; atandant lesquels et que j'aye ceste faveur de les aller recevoyr, je suplie tres humblement Vostre Majesté s'assurer qu'il n'y a gentilhomme en ce Royaulme qui desire vous rendre plus d'effaictz de sa fidellité et tres humble obeissance que moy, qui pour sureté de ce oblige ma foy, à laquelle je ne contreviendray jamais (2), comme je me promectz que Monsieur le Mareschal de Matignon me fera ce bien d'en assurer Vostre Majesté, suivant ce que je l'en ay suplié (3). Cepandant je m'esforceray de tout mon pouvoyr à m'oposer avec mes amys à tout ce qui se passera de

(1) Ce sieur de Monbrun serait-il le même que le personnage du même nom dont il est parlé dans la *Chronique d'Isaac de Pérès*, à l'année 1593, comme d'un chef de ligueurs qui gagna Esclarmonde de Burs, ancienne nourrice du capitaine Laporte, et obtint de cette nouvelle Tarpeia que le château de Nérac lui serait livré? Isaac de Pérès ajoute que, le complot ayant été découvert, la malheureuse Esclarmonde eut la tête tranchée et que ses quatre membres furent exposés sur la place de Nérac, le 13 avril 1593. Aucun personnage du nom de *Monbrun* ne figure dans les neuf volumes des *Lettres missives de Henri IV*.

(2) Charles de Monluc tint sa parole, et quelques mois plus tard, il rendait à Henri IV le grand service de réduire la ville d'Agen sous l'obéissance du nouveau roi de France. Voir à ce sujet deux lettres de Henri IV, une à M. de Lestelle, du 26 juin 1594 (tome IV du Recueil, p. 183), l'autre à M. de Boissonade, premier consul d'Agen, du même jour (tome VIII, p. 523). Dans les notes qui accompagnent les deux documents, on a donné à Charles de Monluc le prénom de *Blaise*.

(3) Le maréchal de Matignon, le 13 novembre 1590, avait écrit à Henri IV, au sujet de Charles de Monluc (*Archives historiques*, tome VII, p. 215) : « Il est en mauvais mesnage avec ceulx d'Agen, qui ont gecté hors ung homme qu'il avoit laissé dans la tour de la porte du Pin, rompu tous les forts de la dicte ville, qui me faict croire qu'il n'aura plus telle créance et autorité dans icelle qu'il en a eu ordinaire, et qu'il n'ozera se mettre entre les mains de ce peuple-là, qui est de tout temps, comme Vostre Majesté sçait, assez prompt à entreprendre. » A côté de cette tirade contre Monluc ligueur, je tiens à reproduire un fragment inédit d'une lettre du même maréchal à Henri IV (malheureusement non datée) en faveur de Monluc repentant : « Sire, le sieur de Monluc m'a mandé qu'il est tout resolu de se remettre au service de Vostre Majesté en luy laissant la seneschaussée d'Agenois et Condomois et la ville de Castillon pour luy servir de retraite du costé de delà la rivière, n'y en ayant autre où il se peust retirer. Il m'assure fort de servir fidellement Vostre Majesté, à laquelle plaira commander que ses depesches et provisions me soient envoyees. Il me doibt venir trouver devant que je les luy delivre. Je le doibs aussy aller installer en sa charge à Condom et au Port-Sainte-Marie. Je supplie tres humblement Vostre Majesté qu'il luy plaise me permettre pour si peu de temps qu'il luy plaira de l'aller trouver pour luy faire entendre au vray l'estat des affaires de deça, où j'espere si bien pourveoir que pendant mon voyage il n'y arrivera aulcun inconvenient à

deça contre le bien de vostre service avec aultant d'affection que je suplie Dieu,

Sire, vous conserver avec toute felicité et accroissement de vostre estat en parfaicte santé, tres longue et tres hureuse vye.

D'Estillac, ce v febvrier 1594.

Vostre tres humble, tres obeissant subjet et serviteur,

MONLUC (1).

XIX

Lettre de Charles de Monluc à « Monsieur Daffis, conseiller du Roy en son conseil d'Estat et son premier president au parlement de Bourdeaulx » (2).

Monsieur,

Suivant les nouvelles occasions qui arrivent, je suis contrainct vous escripre et vous importuner. Maintenant il y a une telle rumeur populaire par prinse d'armes en ce paiz d'Agenoiz que j'y prevoy ung grand malleur qui nous menasse d'une perte irreparable sy de bonne heure on n'y donne les remedes convenables. Voilà pourquoy, Monsieur, je vous faicz ceste-cy affin qu'il y soict apporté quelque remede pour l'intermission que la cour de Parlement y peult faire attendant la veneue de monsieur le mareschal de Matignon. Pour moy je n'y voy poinct aucung remede s'il n'y est pourveu par la force, car ilz ne font nul estat des edictz du Roy ny des arrestz de la Cour, tant leur licence est effrenée, et sy je metz des genz en pied, cela ne peust estre qu'avec la ruyne du paiz, n'ayant de quoy les entretenir, et cela leur servira de pretexte pour les faire mutiner touz. Le sieur Delpeuch, procureur du

vostre service, faissant estat de laisser le sieur de Poyanne et mon fils pour rester. » (Bibliothèque nationale, ancienne collection des Missions étrangères, volume 302, non paginé à l'époque déjà lointaine où je l'ai dépouillé.) Sur la soumission de Charles de Monluc, voir Palma Cayet, *Chronologie novennaire*, sous l'année 1594.

(1) Bibliothèque nationale, fonds français, n° 24,066. Original, comme le document cité dans la note précédente.

(2) Sur le premier président Guillaume Daffis voir, outre de nombreux documents dans les *Archives historiques de la Gironde* (tomes II, IV, VI, VIII, XIII, XIV, XV, XIX, etc.), l'excellente notice de M. A. Communay (*Le Parlement de Bordeaux*, 1886, p. 45-53). Daffis envoya la présente lettre au roi Henri IV (*Archives historiques*, tome XIV, p. 316).

roy au siege d'Agen vouz faira entandre et vous discourra particulierement d'ung affaire important au paiz et à la conservation de ceste ville,
lequel je vous suppliray tres humblement, Monsieur, vouloir escouter
et y apporter ce qui sera de vostre pouvoir à ce que leur requeste leur
soit accordée. Honorez-moy tousjours, je vous supplie, de vos bonnes
graces et servez-vous franchement, Monsieur, de vostre bien humble
serviteur,

MONLUC.

D'Agen, ce seguound de julliet 1594 (1).

XX

*Lettre de Charles de Monluc, sénéchal d'Agenais, à M. de Gour-
gues, maitre-d'hôtel ordinaire du Roi, et président du Bureau
des finances en Guienne* (2).

Monsieur, Il y a deja quelques jours que je n'ay peu vous escripre
parce que le service du Roy m'avoit appellé vers ces peys de Comenge
aveques la priere que m'a faite toute la noblesse de ces quartyez de les
aller assister à mettre soubz l'obeyssance de S. M. les villes de Sainct
Bertrand, Sainct Gaudens, Sainct Beat et Montrejau, lieux fort impor-
tans à son service pour estre pres la frontyere d'Espagnie et lesquelz le
Marquis de Vilars (3) avoit promis mettre en main aulx Espagnolz
par les mennées qu'en fait Monpezat (4). Mais m'estant mis en campa-
gne aveques ung bon nombre de gens et force noblesse, nous alames
droict audit Sainct Gaudens que nous primes d'abord, sauf la cytadelle
où les gens de guerre qui estoyent environ de cent aveques quinse ou

(1) Bibliothèque nationale, fonds français n° 24.066. Copie.
(2) Ogier de Gourgues, seigneur de Monlezun, vicomte de Juillac, baron de
Vayres, était le fils aîné de Jean de Gourgues, seigneur de Gaube et Monlezun,
et d'Isabeau Dutau. Il était né à Mont-de-Marsan comme son illustre frère
Dominique de Gourgues, l'intrépide vengeur des Français assassinés à la Floride
par les Espagnols. G. de Lurbe dit dans la *Chronique Bourdeloise*, à l'année
1594 : « Augier de Gourgues conseiller du Roy en son conseil d'Estat, Maistre
» ordinaire de son hostel, et President des Tresoriers de France en la generalité
» de Guyenne, au Bureau establi à Bourdeaux, apres avoir fidellement servy
» cinq Roys, plein d'ans et d'honneur, decede audit Bourdeaux en sa maison
» le 20 d'octobre audit an, n'ayant laissé de sa qualité son pareil en Guyenne. »
Voir le curieux *Testament* d'Ogier de Gourgues (du 1er janvier 1594) publié par
M. l'abbé J. Pailhès dans le tome XXIV des *Archives historiques* (p. 46-58).
(3) Emmanuel, marquis de Vilars, sur lequel on trouvera une longue note
dans les *Vieux papiers du château de Causac* (Agen, 1882, p. 3-4).
(4) Henri de Savoie, seigneur de Montpezat, frère cadet d'Emmanuel.

vingt gentilzhommes c'estoyent retyrez cuydans y faire resistance, mais nous les joignismes de sy pres aveques ung canon, une coulevrine de baterie et deulx moyennes, qu'après avoir tyré cent ou six vingtz coups nous les contraignismes se randre à nous et je leur donnai les champs avecques ung baton blanc. Cest heureuz commancement donna tel esfroy à tout le reste des villes qui tennoyent pour la Ligue que le lendemain après la prinse de ceste cytadelle, ceulx de Monrejau vindrent me trouver pour prester entre noz mains le serement de fidelité et obeyssance au Roy. Sainct-Beat en feyrent le semblable. M. de Lussan qui commande dans Sainct-Bertrand m'envoya prier par force gentilzhommes ses amys de le vouloir recevoir comme serviteur du Roy, me remetant d'hors et deja la ville de Sainct Bertrand entre mes mains pour la tenir soubz l'obeyssance de S. M.; ce que je luy accordé soubz le bon plaisir de M. le Mareschal de Matignon. De toutes ces villes reduites je me deliberé d'en faire despesche au Roy pour luy represanter la charge que j'ay prinse du peys pour assurer S. M. de leur fidelité et obeyssance; et voyant que je n'avois rien plus à faire vers ces quartiers, je prins la route pour m'en revenir. Et ayant prins mon chemin vers d'Aux, ceulx de la ville craignant que je leur voulsisse faire faire le degast se rezolurent soudein de cryer vive le Roy, ce qu'ilz ont fait aveque les aultres cerymonyes requises et me vindrent trouver pour me randre certain de leurs bonnes intentions (1). Ce bon succez me poussoit d'aller plus avant jusques à Grenade pour en faire desloger le marquis de Vilars et la remetre en l'obeyssance du Roy (2). Mais je me trouvai manque de gens ayant deja presque tout commencé à prendre son chemin. Si j'eusse heu moyens pour les rettenir, sans failhir je vennois à bout de ce dessaing, mais je suis si desnué de moyens que je ne scay de quel cousté m'en prendre. Je ne puis entrer en ses assemblées qu'Il ne me couste gros et vous scavez le peu de commoditez qu'on m'a bailhé. Je me pleins librement à vous et vous descouvre toutes mes necessitez, m'assurant tant de l'honneur de vostre amytié que si l'occazion s'offre à propos d'en faire quelque recit à S. M. que vous en aurez le soing; aussi vous scavez le pouvoir que vous avez sur moy. Je me delibere maintennant que je suis de retour de ce voyage de faire metre les armes bas à ses croquans, et sy la voye de la douceur

---

(1) Les annalistes gascons n'ont rien dit, ce me semble, de la manifestation ici racontée. Du reste, je n'ai pas besoin de le faire remarquer, toute cette lettre est une bien importante page d'histoire régionale.

(2) Voir sur le marquis de Villars et son frère à Grenade la lettre déjà citée du président Daffis à Henri IV, du 8 juillet 1594 (*Archives historiques de la Gironde*, t. xiv, p. 316).

ne les y peult esmouvoir j'y employeray à bon esciant la force et irray partout à main armée où je sauray qu'ilz seront pour les tailher en pieces, à quoy je trouve toute la noblesse fort dispozée. Je ne tarderay gueres à metre la main à l'œuvre, Dieu aidant, et dans peu de jours j'espere vous en mander des nouvelles. Cependent je vous supplierai, Monsieur, me vouloir donner advis si mon dit sieur le Mareschal arrivera encores à Bourdeaux, affin qu'à mesme temps ou quelques jours avant son arrivée je m'y puisse randre. Veuillez moy conserver tousjours en voz bonnes graces et faites assuré estat de mon service comme de celluy qui est eternellement,

Monsieur, vostre bien humble à vous faire service,

MONLUC.

D'Estilhac, ce xix juilhet [1594] (1).

XXI

Lettre de Charles de Monluc, sénéchal d'Agenais, à Henri IV.

Sire,

Je supplieray tres humblement Vostre Majesté de m'excuser si je suis si prolixe en ceste lettre, mais les occazions qui consernent vostre service et ce que mon debvoir m'oblige de luy faire entendre, me servira d'excuse. Ce sera donc aveques vostre permission, Sire, que je feray le discours de ce qui c'est passé au voyage que j'ai fait sur la frontyere d'Espagnie du cousté de Commenge. J'ay esté semondz par les sieurs de Larboust (2) et Du Bourc, gouverneur de l'Isle (3), d'aller attaquer deulx ou trois places que le marquis de Villars et Montpezat,

---

(1) Bibliothèque nationale, fonds français, n° 24,066. Original.

(2) Adrien d'Aure, vicomte de Larboust, capitaine de cinquante hommes d'armes des Ordonnances, chevalier de l'Ordre, etc. Il ne faut le confondre ni avec Jacques d'Aure, seigneur et baron de Montagut et de Larboust, ni avec Savary d'Aure, baron de Larboust, auquel M. de Ruble a consacré une longue et intéressante note dans le tome III des *Commentaires*, p. 273.

(3) Georges Du Bourg, seigneur de Clermont (en Armagnac), gouverneur de la ville et du comté de l'Isle-Jourdain, gentilhomme de la Chambre du Roi, etc. Voir *Recherches sur la Maison Du Bourg*, par Henry Du Bourg, 2ᵉ partie, Toulouse, 1881 (p. 41-42 et 99-108). L'auteur a reproduit en ces dernières pages divers documents que j'avais eu le plaisir de donner à la *Revue de Gascogne* en 1874 (tome XV, p. 81-86) sous ce titre: *Lettres inédites de Georges Du Bourg, gouverneur de l'Isle-en-Jourdain.*

son frere, estoyent deliberez de remettre ez mains de l'espagniol. Nous sommes allez droict à Saint-Gaudens, où ilz avoyent fortiffié une cyta-delle, laquelle nous a tenu trois jours pour la prendre; mais enfin l'ayant battue de deux pieces de batterye et deux moyennes, ceulx qui estoyent dedanz se sont randuz et remiz la place en l'obeyssance de Vostre Majesté; laquelle, à la requisition de la noblesse et principaux du pays, a esté razée. Les ennemis ont prins tel esfroy que voyant que le lieu qu'ilz croyoyent qui resisteroit davantage avoit esté sitost prins, ilz ont vollu capituler pour trois autres places qui restoyent sur ceste frontyere, qui sont Monrejau, Sainct-Beat et Sainct-Bertrand (1). Les deux premieres rendirènt soudain obeyssance à Vostre Majesté, feyrent les feuz de joye et ceremonyes requises en leur reduction. Pour celle de Sainct-Bertrand, qui est la plus forte et la plus importante, de la-quelle le sieur de Lussan en estoit gouverneur, implore le pardon et clemence accostumee de Vostre Majesté et pour cest effect luy rend sa foy et obeyssance par une lettre qu'il luy en escript; et affin de les engager à ce qui estoit de leur debvoir j'ozay, Sire, leur accorder, ave-ques l'advis de toute la noblesse qui y estoyent, certains articles la coppie desquelz j'envoye à Vostre Majesté, la suppliant tres humble-ment de les vouloir veoir. J'en ai gardé l'original pour l'aprehension que j'ai heu du perilh des chemins, me rezervant de les porter moy-mesmes lhorsque j'auray l'honneur de me randre prés de Vostre Ma-jesté. Il n'y a nulle plasse maintenant verz les montagnes qui ne soyent

(1) M. l'abbé de Carsalade Du Pont, non content de m'avoir fourni d'excel-lentes indications sur la plupart des gentilshommes gascons mentionnés dans cette lettre, m'a encore abandonné un précieux dossier formé de pièces inédites relatives à la ville de Saint-Bertrand, à Charles de Monluc et à ses compagnons d'armes. Comme je ne veux pas abuser du généreux élan de mon cher con-frère et ami, je ne me servirai de son dossier que pour énumérer quelques-uns des documents qui le constituent et qui trouveront, un jour, leur place, non défraichis, dans un fascicule sur les *Huguenots en Comminges et en Conse-rans*, lequel fera le pendant du fascicule publié, en 1884, par le vaillant érudit: *Les Huguenots en Bigorre*. Voici les documents principaux à signaler: *Préten-tions du Chapitre de Comenge contre le baron et le vicomte de Larboust et sur la corne de licorne* [conservée dans le trésor de la cathédrale de Saint-Bertrand et sur laquelle on peut voir une note des *Lettres françaises de Joseph Scaliger*, p. 227], 1587; *Lettre du roi Henri III à M. de Luscan* [Géraud de Gémit, sieur de Luscan], du 11 avril 1589; autre pièce, du 11 avril 1592, où figu-rent les chanoines et consuls de Saint-Bertrand, d'une part, et, d'autre part, le sieur de Luscan, établi commandant dans cette ville par le marquis de Vil-lars; *Remonstrations des habitans de Saint-Bertrand à tres illustre et puis-sant seigneur Monseigneur de Dampeille*; *Enquête sur la prise de Saint-Bertrand en 1593* (pièce remplie de curieux détails); *Provisions de gouverneur de Saint-Bertrand pour le sieur de Sarp* (signées par le maréchal de Mati-gnon, le 27 août 1595), etc.

soubz son obeyssance. La pluspart de la noblesse, le clergé et les scindicz de ce peyz-là m'ont faict une priere d'importuner Vostre Majesté d'une demande laquelle j'estyme plustost presomptueuse que meritoyre, qu'est qu'il luy plaise me volloir octroyer le gouvernement de ceste particuilhere ville de Sainct-Bertrand et ordonner pour la garde d'icelle cent hommes de pied. Sire, si je reçoys ceste faveur de Vostre Majesté, j'espere que Dieu me faira la grace luy tesmogner que je n'y seray point inutille, ayant le commandement de ceste place et qu'estant voizin de l'Espagne de trois lieues seulement, je seray si heureux que d'y faire quelque service signalé, comme plus particuillerement je luy feray entendre avant peu de temps en ayant deja myz les fers au feu. J'ay receu tant de faveurs en ce qu'il a pleu à Vostre Majesté me donner le gouvernement des senechaussées d'Agennois et Condommois, que je veux aussi me promettre qu'elle ne me l'a point donné pour m'en hoster l'authorité ny l'amoindrir. Toutesfois j'ay esté estonné comme il luy a plu accorder le gouvernement particuilher des villes de Marmande et Villeneuve aulx sieurs de Castelnau (1) et Foncaude (2) sanz qu'ilz soyent subjectz à recognoistre la charge qu'il luy a plu me commettre en main. Je supplieray tres humblement Vostre Majesté que je puisse estre esclaircy de ce qui est de sa volonté à laquelle je me rangeray toutesfois sans nulle difficulté. Ce sont villes lesquelles n'ont jamais esté distraictes du pouvoir des gouverneurs, mes devanciers. J'espere bien que je luy rendray tant de fidelles services qu'elle ne me voudra traicter en autre qualité. Je me rezoudray à en recepvoir le commandement tel qu'il luy plaira pour me monstrer tousjours obeyssant. Il y a une troisiesme supplication que je desire que Vostre Majesté aye agreable que je luy fasse, qu'est qu'il luy plaise de recepvoir en sa bonne grace Monsieur le Prince de Final (3) qui demeure au pays de Languedoque (?) et que l'opinion qu'on luy a donnée qu'il estoit entierement confydent du Roy d'Espagne ne soit effacée par le tesmoi-

---

(1) Sur François de La Mothe, baron de Castelnau, voir *Notice sur la ville de Marmande*, 1872, p. 85-86.

(2) C'était François de Monferrant, vicomte de Foncaude, seigneur et baron de Cancon, Casseneuil et en partie de Gontaud. Voir une lettre de ce personnage à Henri IV, datée de Villeneuve, le 15 avril 1594, dans les *Documents inédits relatifs à l'histoire de l'Agenais* (1874, p. 182-184). J'emprunte à ce recueil (p. 190) cette note sur Charles de Monluc : « Voir des renseignements sur lui et des documents de lui donnés par M. Ad. Magen dans son curieux et savant Mémoire intitulé : *La ville d'Agen sous le sénéchalat de Pierre de Peyronenc, seigneur de Saint-Chamarand* (1865, p. 16, 17, 18, 40, 41, 42, etc. du tirage à part. »

(3) Alexandre Carrett, marquis et prince de Final.

gnage que j'en donne à Vostre Majesté, qu'est que je luy respons sur la fidellité et honneur que toute ma vye je luy doibs randre qu'il est, Sire, vostre tres humble et obeyssant serviteur, qu'il n'a jamais trampé en nulle association avecques l'estranger au prejudice de vostre service. Ce sont plustost de calomniateurs que veritables ceulx qui luy ont randu ce mauvais office. S'il avoit cest honneur d'estre cogneu de Votre Majesté, je m'assure qu'elle jugeroit que son humeur et sa condition n'est pas fort propre à telz effectz.

C'est de mon debvoir, Sire, de vous nommer particuilherement les principaux gentilshommes qui m'ont assisté eu ce voyage de Comenge quy sont Messieurs le vicomte de Larboust, le baron de Pouygalhard (1), Terride (2), Dubourc, de Larboust, de Montbartyé (3), de Lahite (4), Desplanatz, de Gensac, Desclignac (5), de Reau (6) et de Couzans, lesquelz touts ont tasché d'y amener ce qu'ilz ont peu de leurs amys. J'ay donné charge au sieur de Monbrun, qui presentera à Vostre Majesté ceste-cy, de lui faire entendre plus particulhierement ung affaire myen particuilber auquel j'ai besoing de la gratiffication de Vostre Majesté, et toutte ma vye je supplieray le Createur, Sire, qu'en parfaite santé conservez vostre estat, longue et heureuse vye.

D'Estillac, ce dernier de juillet 1594.

Vostre tres humble, tres obeyssant sujet et fydelle serviteur,

MONLUC (7).

(1) Gilles de Léaumont, baron de Puygaillard, capitaine de cinquante hommes d'armes, chevalier des Ordres, vice-amiral de Guyenne, député en 1614 aux Etats de Paris par la noblesse d'Armagnac.

(2) Jean de Lomagne, vicomte de Terride, qui épousa, le 31 mars 1592, Catherine de Castaing, dame de Baringue, auteur des seigneurs de Baringue. Voir *Abrégé de la généalogie des vicomtes de Lomagne*, p. 35-36.

(3) Corbeyran d'Astorg, seigneur de Montbartier, cousin du vicomte de Larbcust; il était fils de Bernard d'Astorg, seigneur de Montbartier, et d'Isabeau d'Aure de Larboust.

(4) Bertrand du Cos, seigneur de Lahite, fils ainé de Jacques du Cos, seigneur de Lahite, lieutenant général au marquisat de Saluces, gentilhomme de la Chambre, chevalier des Ordres, etc. Bertrand épousa, le 15 août 1602, Marie de Gauthé (note tirée des Archives de M. le comte Odet du Cos de la Hite et due, comme les précédentes, à M. l'abbé de Carsalade Du Pont).

(5) Gilles de Preissac, baron d'Esclignac, fils d'Alexandre de Preissac. Il était cousin de Puygaillard, car sa grand'mère (branche paternelle) était Catherine de Léaumont.

(6) Blaise de Béarn, seigneur de Réaup, frère cadet de Joseph de Béarn, seigneur du Saumont. Voir la *Chronique d'Isaac de Pérès* (1882, p. 43).

(7) Bibliothèque Nationale, fonds français, n° 24066. Original.

XXII

Lettre d'Adrien de Monluc-Montesquiou (1) « *à M. le président de
Thou, conseiller du Roi, en ses Conseils d'Estat et privé, et direc-
teur de ses finances.* »

Monsieur, Une de mes plus douces et honorables souvenances est
celle qui me represente l'honneur que jay receu de vous lorsqu'estant
par delà, je recherchois des occasions de vous aller offrir mon service.
Maintenant que je suis esloigné je ne puis avoir une plus agreable
occupation que de vous en continuer les veus, comme je fais, Monsieur, avec mes supplications tres humbles de les recevoir par cest
honeste homme et de lui faire la faveur qu'il puisse vous dire le sujet
de son voiage où le Roy a interest, le peis de Fois (2) et moy fort particulierement, sur quoy j'implore vostre faveur et justice, vous supliant
me permetre que je me die tousjours,

Monsieur,

Vostre tres humble serviteur,

MONLUC (3).

Ce 5 de juin 1613, à Montesquiou.

(1) Adrien de Monluc, seigneur de Montesquiou, comte de Carmain [le cardinal de Retz et plusieurs autres contemporains l'appellent *Cramail*], prince de
Chabanois, etc., était fils de Fabien de Monluc. Il avait épousé (22 septembre
1592) Jeanne de Foix, fille unique d'Odet de Foix, comte de Carmain, et de
Jeanne d'Orbessan. Il mourut à Paris, le 22 janvier 1646, âgé de 78 ans. La biographie d'Adrien de Monluc, triplement intéressante au point de vue militaire,
politique et littéraire, est encore à écrire. Feu Édouard Fournier n'a fait qu'ef-
fleurer ce sujet dans une notice que j'avais jadis eu l'intention de compléter.
Malmené par le cardinal de Richelieu dans un mémoire spécial rédigé de la
propre main de ce grand homme (23 octobre 1635; recueil Avenel, tome V, p. 330-
336), Adrien de Monluc se relève au milieu des reconnaissants hommages que
lui rendent Goudouli, François de Maynard et plusieurs autres célèbres écri-
vains qu'il protégea et qu'il aima. Mézeray, qui a si bien parlé du maréchal de
Monluc, n'a pas moins bien parlé d'Adrien (tome III, p. 168): « De ce dernier
[Fabien] et de l'heritière de Montesquiou, il resta deux enfans, dont l'un a esté
cet illustre comte de Carmain, que nous avons veu advantagé de tant de rares
qualitez et d'héroïques vertus, que sans l'envie qui n'en a pú souffrir l'éclat, et
sans le cours du temps, auquel son courage trop genereux n'a jamais voulu se
laisser emporter, il eust surpassé la reputation de son ayeul, et n'eust pas esté
moins en estime à la posterité qu'il l'a esté de son vivant parmy tous les gens
d'honneur ». Scipion Dupleix avait déjà dit d'Adrien de Monluc (*Histoire de
France*, tome I, p. 547): « Un des plus accomplis seigneurs de France, n'y ayant
rien à desirer si ce n'est que la fortune n'eut point été envieuse de son mérite ».

(2) Adrien de Monluc fut sénéchal et gouverneur pour le Roi au pays de Foix.
Voir à l'Appendice (n° IV) un document du 18 août 1618, intitulé : *Arrest du
Conseil d'Estat de Navarre d'entre M. le comte de Carmain et les habitants
de la vallée d'Andorre.*

(3) Bibliothèque Nationale, collection Dupuy, registre 802, f° 229. Original.

APPENDICE

———

•

I

Charte de Gaston de Gontaut, seigneur de Biron.

1 Conoguda cauza sia que l senher *Gasto* (1) de Gontaut, cavaler, senher de Biron (2), per si e per totz los seus e per tot son ordenh e per tot 2
son heret a donat e *autreiat* a feus per *las* costumas generals d'Agenes a
n Guilhem Ar[naut] so filh e a son ordenh e a son heret per totz 3 temps
per far totas las proprias voluntatz del predig Guilhem Ar[naut] e de
son ordenh e de son heret per totz temps totas las terras 4 on om apela
a la terra de las Fontas ab totz los apertenemens de las meissas terras
de las Fontas lasquals terras so en l'abesquat d'Age- 5 nes en las perro-
quias de las gleias de Senh Joan de Boluc e de Cazals entre l castel de
Manurt (3), d'une part, e l castel d'Agulho d'autra 6 part, e l fluvi de

(1) Les mots imprimés eu italique sont effacés dans la charte.

(2) Voir sur Gaston de Gontaut, dont les possessions étaient si considérables
en Agenais comme en Périgord, le recueil du P. Anselme (t. IV) et surtout l'am-
ple généalogie fournie par l'abbé de Lespine au recueil du chevalier de Cour-
celles, *Histoire généalogique des pairs de France* (t. II).

(3) C'est Monheurt, aujourd'hui commune du canton de Damazan, à peu de
distance d'Aiguillon.

la Baiza d'autre part e Boluc (1) d'autra part, ab totas las terras coutas
e no coutas e ab totz los cammas e ls cam- 7 mazils et ab tots los homes
e ab totas las femnas e ls pratz e ls pradals e ab totas las oblias e ls
acaptes e las rendas e las senhorias e ab 8 totas las agas e ab totas las
cauzas que s'aperteno e s devo apertener a las predichas terras de Las
Fontas e ab totz los dregs e las 9 razos e las accios que l predigs senhor
Gastos avia e aver devia en las predichas terras de Las Fontas e vesti
l en feuzelment del 10 tot per las costumas generals d'Agenes ab. i.
parelh de gans nuos blancs d'acapte a senhor mudant ses plus e ses
tot autre ser- 11 vezi cessal que l predigs Guilhem Ar[naut] ni sos
ordenhs ni sos heretz no n fassa ni n reda al predig senhor Gasto ni a
son ordenh ni 12 a son heret mas quant tant solament. i. parelh de
gans nuos blancs d'acapte a senhor mudant e deu lh en e lh en promes
13 del tot portar bona e ferma guirentia de totz homes e de totas femnas que al predig Guilhem An[naut] e a son ordenh e a son heret 14
f[or]sa ni turbasio ni deman ni questio i fesso ni i moguesso en las
predichas cauzas afeuzadas en tot ni en partida per nulh temps 15 mai
d'aici avant; per laqual guirentia far e portar bona e ferma e establa
per totz temps, lo predigs senher Gasto a o- 16 bligatz totz sos bes per
totz locs prezens e avenidors al predig Guilhem Ar[naut] per si e per
tot son ordenh. Aisso fo fag xi dias a l'issida del 17 mes d'aost. Testi-
monis : Helyas Ros, Garciac de Calviac, Bertran de Concas, P. de
Manhinon, Senhoret d'Astafort, Aimar de 18 Lagarda, et ego Ramun-
dus de Lagarriga, comunis notarius Montis franquini, qui hanc car-
tam scrisi utroque (2) consensu anno Domini 19 M° CC° L° X sexto.
Regnante domino Alfonso, Tholosano comite, e Petro (3), Agennense
episcopo (4).

(1) M. Clément Simon (Le testament du maréchal Blaise de Monluc) rappelle
(p. 380) que, dans un acte du 3 septembre 1318 (contrat de mariage d'Odet de
Montesquiou et d'Aude de Lasseran-Massencôme), sont énumérées les terres
de Massencôme, Bonluc, Monhurt, Puch-de-Gontaut. Il ajoute (p. 384) que la
localité de Monluc figure, sous le nom de Bonus lucus, dans le Pouillé des premières années du xvi° siècle analysé par M. Jules de Laffore (Recueil des travaux de la Société des sciences, lettres et arts d'Agen, tome vii, 1854, p. 112),
pouillé que la savante compagnie va prochainement publier in extenso.

(2) C'est bien ce que semble donner le fac-similé, mais il doit y avoir et il faut
utriusque (Note de M. Paul Meyer).

(3) Pierre Jerlandi, qui siégea de 1269 au 28 juillet 1271.

(4) Archives des Basses-Pyrénées, E 161. Fac-similé à l'usage des élèves de
l'Ecole des Chartes.

II

Lettre de M. Gardère sur le lieu où mourut Blaise de Monluc.

Condom, ce 14 juin 1887.

.....Monluc est-il mort à Condom? Je commence par vous dire que rien dans nos archives communales, au moins à ma connaissance, ne peut nous éclairer sur ce point. Les procès-verbaux des jurades condomoises sont interrompus sur nos registres de 1569 à 1580, si j'excepte un cahier de 1576, et quant aux comptes consulaires, il existe, entre autres, une lacune de vingt ans qui va de 1563 à 1589. En dehors de ces sources, les registres paroissiaux du XVIe siècle n'existant pas à Condom, je ne vois que les archives privées, livres de raison, correspondances, qui puissent faire mention de l'événement. Pour ce qui regarde la sépulture de Monluc dans le chœur de notre cathédrale, pas un document de nos archives, pas un feuillet du manuscrit Lagutère, qui donne pourtant de précieux renseignements sur l'église de Saint-Pierre, ne contient une indication de ce genre.

Cependant Scipion Dupleix est affirmatif [ici reproduction du passage de l'*Histoire de France* déjà cité dans mon *Avertissement*]. Je me hâte de dire que la chose ne me paraît pas impossible. Les historiens qui sont venus après Dupleix, mais longtemps après lui, déclarent, il est vrai, que Monluc est mort à Estillac. Sur quoi s'appuient-ils? Ils se bornent, ce me semble, à affirmer le fait. Ils écrivent pourtant bien loin de l'événement, et combien je préfère l'opinion de Dupleix, un contemporain, un Condomois, qui a pu assister lui-même à la cérémonie funèbre (il avait alors près de sept ans) ou qui a dû certainement en entendre parler par les siens! Chose remarquable! les partisans d'Estillac paraissent ignorer que Dupleix ait mentionné avec tant de précision le lieu de la mort de Monluc. Pourquoi n'ont-ils pas pris la peine de rectifier son erreur, en justifiant leur assertion toute différente de la sienne? L'existence du tombeau à Estillac ne saurait prouver d'une façon péremptoire que Monluc soit mort à Estillac; elle autorise seulement à admettre que son corps y a été apporté.

Si Monluc était mort à Estillac, les consuls d'Agen n'auraient-ils pas fait mention de l'événement dans leurs jurades? Et les comptes consulaires de 1577 ne contiendraient-ils pas quelque article de dépense à cet égard? Si les jurades sont muettes, si les comptes sont muets, je me refuse à croire, ne serait-ce que pour l'honneur des consuls, que Monluc soit mort à Estillac, c'est-à-dire aux portes d'Agen.

Est-il invraisemblable que le vieux maréchal soit mort à Condom? Je croirai Dupleix tant que l'on ne m'aura pas prouvé qu'il se trompe, car Dupleix était placé dans les meilleures conditions pour savoir la vérité. Son père, tous les siens étaient amis de Monluc, et certainement il aura souvent entendu parler dans sa famille de l'événement de 1577. Du reste, Monluc est à Condom au mois d'août de cette année et, pendant son séjour dans notre ville, il ajoute un codicille à son testament.

A-t-il été enterré dans le chœur de la cathédrale? Tout d'abord cela paraît étrange, si l'on considère que le chœur dans les cathédrales est généralement réservé, à cause de la sainteté du lieu, pour la sépulture des grands dignitaires de l'église, des évêques notamment. Mais il ne s'agit pas ici d'un personnage ordinaire. Monluc fut un grand défenseur de la foi catholique. Son fils Jean, alors évêque de Condom, n'aurait-il pu vouloir donner aux restes du maréchal une place d'honneur en rapport avec ses hautes dignités et surtout avec les services qu'il avait rendus à la religion? Ne pourrait-on d'ailleurs admettre que le corps de Monluc fut déposé provisoirement dans le chœur de la cathédrale où se trouvait déjà le tombeau de son parent Mgr Robert de Gontaut, pour être plus tard transporté soit au Sempuy, soit à Estillac? Du reste, ne l'oublions pas, nous nous trouvons en présence d'une affirmation formelle de Dupleix, que doivent seuls faire tomber des documents d'une incontestable autorité.

Si l'on m'objecte que Dupleix a pu se tromper, appliquant au maréchal ce qui est vrai de l'évêque Jean de Monluc, son fils, dont le corps fut enterré dans le chœur de la cathédrale en 1582, je réponds que si la confusion est possible, elle n'est pas probable. Je ne crois pas notre historiographe capable d'avoir pris un événement dont il aurait été témoin à l'âge de douze ans, avec un événement qui se serait passé quatre ou cinq ans auparavant. Les circonstances de la mort et de l'enterrement du maréchal firent sur son jeune esprit une impression trop profonde, pour qu'il ait pu y avoir confusion dans ses souvenirs. D'ailleurs, s'il en eût été ainsi, les Condomois, témoins des deux faits, ne lui auraient-ils pas signalé sa méprise et l'erreur n'aurait-elle pas été corrigée dans les éditions successives de l'*Histoire de France?*

Si l'on m'objecte encore que l'abbé Lagutère ne parle dans ses mémoires manuscrits sur l'église de Condom ni de la mort, ni de l'enterrement de Blaise de Monluc, je réponds qu'il ne parle pas davantage de la sépulture d'un ancien gouverneur de Condom, le sieur du Bouzet de Roquepine, laquelle se fit dans la cathédrale de Saint-Pierre.....

III

Extrait du testament de Jean du Chemin, évêque de Condom (1), (1er décembre 1615), *relatif à son prédécesseur Jean de Monluc.*

.....« Premierement je veux et ordonne qu'après qu'il aura plu à Dieu separer mon ame de mon corps mortel et corruptible, de m'appeller de cette vie mortelle à l'immortelle, que mon corps soit enterré en l'église de Cassaigne, qui est dans l'enclos du château où j'ai passé la plus part de ma vie, et où feu M. le Commandeur de Monluc mon predecesseur et bienfaiteur décéda, et où j'ai fait dresser mon tombeau joignant le sien, où après son décès, avant faire porter ou enterrer son corps dans le chœur de l'église cathédrale de Condom, je fis enterrer son cœur et ses entrailles, désirant, puisque mes os n'ont pu être joints aux siens, qu'ils le soient pour le moins à cette partie. Et pour honorer, comme j'ai fait toujours, sa mémoire, que la postérité ne me tienne entaché de fort salle et vilain vice d'ingratitude, j'ai fait apposer sa statue en pierre et partout fait mettre ses armoiries, les siennes au costé droit, les miennes à gauche, afin que cette (un mot illisible) lui serve de monument et à mon corps de sepulcre. »

Jean Du Chemin, après avoir distribué ses biens à ses neveux et avoir substitué lesdits neveux les uns aux autres, termine en disant que dans le cas où ses héritiers mourraient sans postérité, il leur substitue Jean de Forcès, son filleul, fils d'Antoinette de Monluc, fille de son susdit feu bienfaiteur (2).

(1) Sur Jean Du Chemin voir la remarquable étude de M. Léonce Couture dans ses *Trois poètes Condomois du xvi° siècle*, 1877, p. 17.

(2) M. l'abbé de Carsalade Du Pont, qui a trouvé le·testament de l'évêque Jean Du Chemin aux archives du château de Saint-Blancard (fonds Gohas), a trouvé aussi dans le même fonds les éléments de la note que voici, dont il veut bian encore enrichir mon petit recueil : « Jean de Monluc, évêque de Condom, eut une fille naturelle, nommée Antoinette, qui fut mariée, le 26 février 1591, à Guillaume de Forcès, seigneur de Goalard, près Condom. Ce mariage se fit à l'instigation de Jean du Chemin. Ce prélat donna à la future mille écus et son trousseau, en considération, dit-il dans l'acte de mariage, de la grande amitié qu'il avait pour ledit feu seigneur Jehan de Monluc, père de ladite Antoinette, laquelle il avait recueillie chez lui et fait élever à la mort dudit feu Jean de Monluc. De cette union vint un fils, Jehan de Forcès, qui fut tenu sur les fonts baptismaux par l'évêque Jean du Chemin ».

IV

*Arrest du Conseil d'Estat de Navarre d'entre M. le comte de
Carmain et les habitants de la Vallée d'Andorre.*

Entre messire Adrian de Monluc, comte de Carmain, senechal et
gouverneur pour le Roy en ses comtez de Foix et terres souveraines
a'Andorre et Donezain, demandeur pour estre maintenu en sa charge
de gouverneur de la vallée d'Andorre, conformement à ses provisions
et celles de ses predecesseurs en la dicte charge, d'une part, et les habitans de la dicte vallée, deffendeurs d'autre,

Veu par le Roy en son conseil l'arrest d'icelluy du 23e jour de janvier 1617, donné sur la requeste du dict sieur comte, tendant à ce que
attendu le reffus desdicts habitans de le recognoistre comme gouverneur de la dicte vallée il pleust à Sa Majesté y pourveoir, par lequel
arrest auroit esté ordonné que dans deux mois après la signification
d'icelluy aux consulz d'Andorre, ilz deputeroient par devers elle telle
personne qu'ilz adviseroient bon estre pour aporter leurs privileges ou
coppies deument collationnées d'iceux en vertu desquelz ilz pretendent
estre exemptz de recognoistre aucun gouverneur pour iceux; veuz et
ouyes les remonstrances qu'ilz avoient à faire sur ce subjet estre ordonné ce que de raison, exploict de signiffication dudict arrest faict aux
gens du conseil de la dicte vallée le 29 decembre audict an avec commandement d'y obeir dans le dict delay, autre arrest du Conseil en
datte du 25e jour de mars donné sur la requeste des habitans requerans
que suivant le susdict commandement ayant envoyé exprès par devers
S. M. deux deputez de leur communauté avec leurs privileges et exemptions et lettre patentes du 25 aoust 1598 il luy plaise pour les conside-
rations y contenues les maintenir et garder en la faculté et jouissance
d'iceux, et particulierement en l'exemption qu'ils ont et ont tousiours
eu d'estre conduitz et gouvernez conjoinctement par les officiers com-
muns de S. M. et du sieur evesque d'Urgel en tout temps soit de paix
ou de guerre sans avoir autre gouverneur, et que ceux qui ont esté cy
devant sénéchaux de Foix, aient eu aucun pouvoir, jurisdiction et commandement sur eux, avec deffenses audict sieur comte de Carmaing de
de les inquieter ou molester pour ce regard ny s'ingerer de prendre
aucune auctorité en ladicte qualité de gouverneur en ladicte vallée
d'Andorre, par lequel arrest auroit esté ordonné que le sieur Caute,

ayant charge des affaires dudict sieur comte de Carmaing en cette ville, auroit communication desdicts privileges et lettres patentes et que d'icelles seroient faictes copies pour estre envoiées et pareillement communiquées audict sieur comte de Carmaing afin de dire par luy sur icelles tout ce que bon luy sembleroit, et ce dans trois mois, pour sur le tout estre faict droict aux parties ainsi que de raison, requeste presentée par lesdicts habitans tendant à ce que ledict sieur comte bien que demandeur originaire n'ayant daigné comparoir pour justiffier les fins de ses demandes et prétentions dans le dict temps et delay de trois mois pendant lequel lesdits deputez ont depuis séjourné à la suitte du conseil à grands frais et despens, il plaise à Sa Majesté les conserver en leurs droicts, privilleges et exemptions, faire deffenses audict sieur comte de les y troubler, et outre le condamner au remboursement de leurs frais et despens ou autrement y pourvoir par Sa Majesté; Memoires et instructions envoiees au Conseil de Sa Majesté par le dict sieur comte de Carmaing après avoir par luy eu communication desdicts privileges et lettres patentes desdicts habitans pour monstrer et justifier que les actes et pretendus privileges desdicts habitans sont contraires à ce qu'ils ont mis en avant et particulierement à ce qu'ilz pretendent estre exemptz de le recognoistre comme gouverneur; Requeste presentée par lesdicts habitans de la vallée d'Andorre au dict sieur comte de Carmaing en la dicte qualité de gouverneur pour Sa Majesté au pays de Foix et terres souveraines de Donezan et Andorre tendant à ce qu'il luy pleust les descharger d'un droict de Gabelle que ledit comte prétendoit lever sur eux, au bas de laquelle requeste qui est signée des consulz de la dicte vallée est l'appointement dudict sieur comte signé de sa main le 30 novembre 1611, par lequel il est ordonné que lesdicts habitans feroient apparoir des privileges mentionnés en icelle; ung extrait de convention ou concordat escrit en parchemin passé entre Roger Bernard, comte de Foix, et ledict evesque d'Urgel le sixiesme jour de septembre 1278 sur plusieurs et diverses questions, demandes et contentions qui estoient entre eulx touchant la vallée ou les vallées d'Andorre; ung autre extraict en parchemin d'une information faicte en l'an 1346 non signé sur les pretendus debatz et differens entre lesdicts sieurs comte de Foix et evesque d'Urgel, lettres patentes du feu Roy Henri le Grand, expediées soubs le scing et scel de Navarre le xxve jour d'aoust 1598 obtenues par lesdicts habitans sur les remonstrances qu'ils auroient faict à Sa Majesté qui par autres ses lettres patentes du xvie de febvrier au dict an expediées au dict sieur vicomte de Mirapoix pour l'estat et chargé de gouvernenr du comté de Foix, vallée de Pamiers et terres adjacentes,

4

lesdictes vallées d'Andorre y aiant esté comprises, ilz craignoient que
la dicte expression dans ledict pouvoir fist prejudice à la liberté du pai-
rage d'entre Sa Majesté et le dict d'Urgel (sic), par lesquelles Sa dicte
Majesté declare par lesdictes provisions expediées audict sieur vicomte
de Mirapoix n'avoir entendu ny entendre prejudicier directement ny
indirectement aux privileges, libertez, franchises et immunitez desdicts
habitans, ains veult qu'ilz en jouissent plainement et paisiblement et
tout ainsy qu'ont faict leurs predecesseurs et eux sous les autres senechaux et gouverneurs dudict comté; autre requeste presentée au Conseil par lesdits habitans contenant leurs contredits aux raisons et
moiens alleguez par ledict sieur comte de Carmain; copie des lettres
patentes d'Anthoine et Jeanne, Roy et Reyne de Navarre, données à
Paris le xxv febvrier 1556 par lesquelles leurs Majestés ont pourveu
Jacques de Villommil, sieur et baron de Pailles, de l'estat et charge de
gouverneur et lieutenant general pour leurs Majestés es comté de Foix,
terres et pays de Donezan et d'Andorre, en fin de laquelle copie est
l'acte de prestation de serment ès mains de Sa Majesté, par ledict sieur
de Pailles pour raison desdit estat et charge; Extraict du concordat faict
en la ville de Tarascon en Foix, regnant Philippe roy de France en
l'année 1275, entre Roger Bernard, comte de Foix, d'une part, et les
habitans des vallées d'Andorre par lequel ledict Roger Bernard leur
remet et quitte le droict *Cugutia* lequel il souloit prendre sur tous les
hommes et femmes desdites vallées moyennant ce que lesdicts habitans
luy donnerent toute justice sur eux haute, moyenne et basse, ledict
extraict tiré de son original trouvé ès archives de Foix et collationné
partie appellée par le juge mage du senechal de Foix le 12 may dernier
signé dudict juge mage, et tout ce qui a esté mis et produict par les
parties par devers les commissaires deputez, et tout consideré :

Le Roy estant en son conseil a ordonné et ordonne que le sieur comte
de Carmaing, senechal et gouverneur du comté de Foix, sera maintenu
et gardé en la qualtté de lieutenant de sa dicte Majesté ès terres souveraines d'Andorre, et ce sans préjudicier à la liberté du pariage, privileges et franchises dont lesdicts habitants d'Andorre ont jouy sous les
autres senechaux et gouverneurs dudict comté. Ordonne Sa dicte
Majesté qu'iceux habitans vivront sous les mesmes officiers de justice
ainsi qu'ils ont cy devant faict et comme ils vivent encore aujourd'huy
bien et deument et sans aucune innovation.

Faict au conseil d'Estat du Roy tenu à Paris pour ses affaires et
finances de Navarre et Bearn le xviii° jour d'aoust 1618.

Collationné : de Loménie.

Et afin que ledict arrest feust mis à deue execution le Roy donna ses lettres patentes de la teneur qui en suit :

Louis par la grace de Dieu, Roy de France et de Navarre, seigneur souverain d'Andorre, au premier nostre huissier, sergent ou bailhe sur ce requis, salut.

Nous te mandons et commectons par ces presentes que à la requeste de nos chers et bien amez les habitans de la vallée d'Andorre, l'arrest de nostre conseil dont l'extraict est cy attaché soubs le contre scel de nostre chancellerie soit mis à deue et entiere execution selon sa forme et teneur, faisant en vertu d'icelluy tous commandemens, signiffications, deffences et autres exploicts requis et necessaires, etc.

Extraict faict et collationné par moy Anthoine Depeyre, notaire royal du lieu de Luzonac, païs de Foix, sur l'arrest expedié en forme, tiré des archives du pays d'Andorre, m'aiant esté exhibé et apres deue collation retiré par ceux du conseil dudict pays dans leur maison commune le 29 octobre 1618. En foy de quoy me suis soubz signé :

DE PEYRE, notaire (1).

(1) Bibliothèque Nationale, collection Brienne, volume 302, f° 295.